U0723612

高校思想政治
理论课教学方法的优化探索

程旭惠 ◎ 著

线装書局

图书在版编目（CIP）数据

高校思想政治理论课教学方法的优化探索 / 程旭惠
著. -- 北京 : 线装书局，2023.6
ISBN 978-7-5120-5522-3

Ⅰ．①高… Ⅱ．①程… Ⅲ．①高等学校－思想政治教
育－教学研究－中国 Ⅳ．①G641

中国国家版本馆 CIP 数据核字(2023)第 119721 号

高校思想政治理论课教学方法的优化探索

GAOXIAO SIXIANG ZHENGZHI LILUNKE JIAOXUE FANGFA DE YOUHUA TANSUO

作　　者：程旭惠
责任编辑：曹胜利
出版发行：线装書局
　　　　　地　址：北京市丰台区方庄日月天地大厦 B 座 17 层（100078）
　　　　　电　话：010-58077126（发行部）010-58076938（总编室）
　　　　　网　址：www.zgxzsj.com
经　　销：新华书店
印　　制：河北创联印刷有限公司
开　　本：710mm×1000mm　1/16
印　　张：13
字　　数：272 千字
版　　次：2023 年 6 月第 1 版第 1 次印刷

定　　价：88.00 元

线装书局官方微信

前　言

　　高校的德育工作是大学生进行思想政治工作的重要环节，它对培养学生的世界观、人生观和价值观起着重要的促进作用。在当今世界，国际环境的变迁，以及互联网的普及，使我们的生活方式更加多样化。在这样的社会背景下，大学生的思维方式、学习方式、接受方式等都在不断地改变。因此，必须与时俱进，在教学中进行创造性的改革，并在教学实践中积极地寻找一种有效的、新颖的教学方式。

　　在大学生思想政治工作中，加强大学生的思想道德修养，促进了大学生的思想道德建设。目前，我国大部分高校均已开设了思想政治课，但仍在不断探索其教学方式，试图通过多种方式来提升"三位一体"的教学效果，从而使这种教学效果得到最大限度的实现。

　　高校毕业生是社会主义现代化的一支后备队伍，是国家发展的一支不可替代的后备力量。大学是大学生新的学习和新的观念的基础，在实践中，老师不但要教授学生的生活和思想，还要教授他们党和国家的指导思想，这是一种对他们的德智体美全面发展的有益的教育。

　　目前，我国大部分大学实行的是"老师说，同学听"的教学方式，老师在课堂上说，同学听、记，教学方式太过单调，而且是一种单一化的教学方式。一些大学已经引入了一些多媒体技术，可以很好地引起同学们的注意，但是，由于多媒体的内容比较单一，而且大多是大纲，如果没有提前做好准备，就会导致课程内容跟不上老师的节奏，从而影响了学习，有些同学会因为赶不上教师的节奏而放弃学习。

目　录

第一章　高校思想政治理论课教学理论研究

第一节　高校思想政治理论课教学重要论述

对大学生的教育改革在大学的发展与改革中，有着重大意义。强化了大学的思想政治理论教育的作用；使大学的思想政治理论课程的教学更加丰富和精炼；对大学思想政治理论课程的教学方式进行了深入的总结与综合；并对大学思想政治理论课师资队伍建设提出了更多的要求。这是我们深入推进和发展、改革思想政治教育工作的一个科学指导和基本原则。

在全国思想政治工作会议、全国高校思想政治工作会议、全国教育大会等一批重大会议上，都有不少关于高校思想政治教育问题的论述，且观点鲜明、内涵丰富、说理透彻，为高校思想政治理论课教学的创新发展提供实践指导。尤其是在今年三月十八日召开的大学思想政治理论课教学研讨会上，着重指出，"思想政治理论"是当前高校德育工作的核心，要从根本上贯彻党的教育政策，解决好培养什么人、怎样培养人、为谁培养人的根本问题，充分体现了我国新时期、新阶段对高校思想政治理论课的重要地位和关键内容的重要论断。综上所述，它的重要价值有如下几点：

一、进一步确立和巩固了高校思想政治理论课的教学地位

在新的社会和历史条件下，面对世情、国情、党情的深刻变革，我国的发展已经步入新的历史阶段，社会主要矛盾也发生深刻转变，人民的思想问题层出不穷，思想政治教育的地位和作用就日益凸显出来，而高等学校作为人才培养和主流价值观倡导的主阵地，高校思想政治理论课教学地位尤为突出。大学的思想政治理论课，最基本的工作就是要把党的各项政策放在第一位，它充分体现了对培养社会主义建设者、接班人的重要性，也诠释出高等学校思想政治理论课教学的关键任务和重要目标。

大学生的思想政治理论教育是大学生德育工作的核心内容。所以，在当今国际形势下，各种社会思潮、思想文化错综复杂，互联网迅猛发展，不仅在冲击解构马克思主义的指导作用，同时也影响着青年学生的价值观念的建立，我们必须立足于中国的伟大复兴、中国特色社会主义事业的长期发展，正确地开展思想政治理论课，在马克思主义处于领导地位、社会主义价值观念的传播、弘扬社会主义文化的基础上，使大学生树立"四个自信"，把"爱国情、强国志"自觉地融入社会主义现代化强国的实践中来，为中国梦想的实现增添新的生机。从宏观、长远、宽泛的角度来理解高校思想政治教育的定位与功能，将其打造成中国特色的"核心"。

二、进一步充实和凝练了高校思想政治理论课的教学内容

在大学的思想政治理论课程中，教师的教学是影响其课堂教学质量的关键因素。在我校的思想政治理论课教学研讨会上，我们认为，要进一步深化思想政治理论课的教学改革和创新，必须不断增强思想性、理论性、亲和力

和针对性。要把政治和理论结合起来，以全面的理论分析指导、以全面的思想和理论来进行教学、以强烈的事实指导。要把价值和知识结合起来，把价值观导向知识的传递。在加强主流意识形态、批评的同时，加强批评各种不正确的观点和思想，充分反映了高校思想政治理论课的科学性、针对性和时代性。

（一）思想政治理论课教学内容要以马克思主义理论为指导思想和理论基础

过去一段时期，一些党员和老师由于受到外界的影响，对马克思主义理论的认识有所松懈，对青年学生马克思主义理论的教育也有所松懈，造成一些青年学生思想上出现困惑及混淆，而改善这些现象的重要途径，就是不断加强马克思主义理论教育，通过不断学习和掌握马克思主义的立场、观点、理论及方法，从而引导青年学生将课堂教学内容融入实际生活。坚持广泛宣传、加强马克思主义的理论教育，为大学生终身发展打下坚实的思想根基是实现高校思想政治工作的重要保证。在充实和发展大学思想政治理论课的内容时，我们要把它作为课程的中心和指导。在教育实践中，将马克思主义学说视为大学德育工作的一个主要环节，应强化对大学生观念的影响。

（二）高校思想政治理论课教学内容要以社会主义核心价值观作为重要支撑

核心价值观，代表着一个民族的灵魂，也代表着一个人对是非的判断。由于世界上不同的经济、文化力量、民族之间的思想冲突，外国的思想、价值观等都在不断地向中国渗透，对中国的主流思想构成了巨大的冲击；同时，在全球一体化的强大影响下，我国的市场经济发展陷入了两难境地，网络时代的价值取向受到了前所未有的挑战，而由于多种不同的文化之间的相互影响，导致了我国的价值取向问题日趋突出。面对这种新的问题，想要应对和破解大学生的困惑，就必须强化对大学生的社会主义核心价值观的培养。要以社会主义为中心，以正确的思想方法对大学生进行思想政治建设，使其成为生活的一颗纽扣。将社会主义核心价值理念确立为"底线"和"主干"，既要巩固和创新其教学内容，又要加强对大学生思想政治教育的理论构建，使其内化于心、外化于行，成为其衡量自身社会行为的标准，在学生内心形成坚定的理想信念，从而推动整体社会精神文明水平的提升。

（三）思想政治理论课教学内容必须具有时代性、亲和力和针对性

要发展21世纪马克思主义和当代中国马克思主义，就需要以中国为中心，面向世界，始终坚持马克思主义的思想品质。与时俱进是马克思主义理论的一个基本属性，在我国教育改革和社会发展过程中，我们要把马克思主义中国化的最新成果纳入思政课教学内容中，使得教学内容体现时代主题、展现时代精神，构建一整套真正反映新时代思政课最新研究成果的教材体系。以最新的马克思主义理论成果解读当前的热点、难点，解答大学生所关心的理论难题、社会热点问题，激发大学生的时代感和紧迫感，使思想政治理论课教学既凸显思想性又体现时代性，既突出严肃性又展现活泼性，从而培养有时代担当的社会新青年。

三、进一步归纳和整合了高校思想政治理论课的教学方法

在大学的思想政治理论课程中，教师的教育方式是一个经常讨论的问题，

只有遵循学生的教育规律、教书育人规律、学生成长规律,才能实现因事而化、因时而进、因势而新的目标。

（一）道德文化熏陶法

在教育实践中,教师可以充分发掘传统文化,引用经典,充分应用《论语》《道德经》等经典名著,充实思想政治理论课的内涵,并充分发挥古人的智慧。借助漫画、歌剧、话剧、戏曲等形式多样的文化形式,以及现代互联网、移动媒体等人们喜闻乐见的方式丰富思想政治理论课教学方法和形式,达到以文化人、以文育人的教育效果。高校思想政治理论课程的教学要立足于传统的文化与历史的发展脉络,在传统的伦理文化中寻求解答,这样才能让年轻学子们不断地被道德影响。要注意将传承和发展现实文化相结合、密切联系,力求实现在传承中发展、发展中传承的重大目标。

（二）读书学习法与实践教育法相结合

阅读教学法可以使读者在一定程度上理解现代科学的理论和观念,并受到理论和观念的影响;通过将教学中的先进理论理念,转变为实际的行为和实物的能力,增强学生的素质,增强他们的文化自信心。首先,教师要充分调动学生读书的主动性,让他们体会读书的快乐,并在读书分享会上分享读书心得,推荐优秀读物,让他们在读书的同时了解社会发展规律、社会发展动态、党的方针政策和相关内容。其次,要正确认识和掌握思想政治理论课程的教学方式。所有的研究都是为了实践,而不是为了研究。要学会"内化于心、外化于行",在实际中寻求真知和领悟真谛。

（三）显性教育与隐性教育相结合

在高校学生的思想政治理论课程中,教师应注重显性与隐性的培养。显性的教学模式多表现为外显性、直接性、组织性和计划性，而隐性则表现为间接性、柔性。高校思想政治理论课要从改革、创新的视角，充分发掘其他学科和教学方法所蕴含的各种资源，把主要途径和常规的思想政治教育有机地联系起来，把"思政课程"与"课程思政"有机地统一起来，实现课堂内外、线上线下的有机统一，从而实现教育和教学的"协同"。在教学中，教师要真正强化和提升教师的比例，使他们处于"无意"的状态。立德树人是高等学校的核心内容，充分发挥好课堂教学的主体作用，不断提高思想政治理论课程的亲和力、针对性，从而更好地满足学生成长发展需求与期待。

四、进一步强调和关注高校思想政治理论课的教师素质

在教师讨论会上，教师要把学生的主动性发挥到极致。以可信、可敬、可靠、乐为、敢为、有为为核心，对高校思政课师资队伍进行肯定，并对其政治要强、情怀要深、思维要新、视野要广、自律要严、人格要正等六个方面进行肯定。目前，高校思想政治教育专业的师资队伍应从三个层面入手。

（一）守正

思想政治理论课坚持以"实"为本，以"学"为本。高校思政课教师要坚持马克思主义理论的主导思想，全面贯彻立德树人的核心内容，始终围绕认知、能力、情感三个维度育人，是高校思政课教师要坚持马克思主义理论的主导思想、全面贯彻党的教育政策、传播马克思主义科学理论、做好马克思主义教育的重要工作。要做到这一点，首先要使自己真正学习和了解马克思主义、真正相信马克思主义、真正运用马克思主义。与此同时，在思想政治教育中，广大思想政治教育的老师们，必须以马克思主义的理论和建设工程的统编为指导，针对学生的具体特征，采用个性化的方式，从理论性和学

术性的角度，对教科书中的问题进行深入的探讨，并进行批判和建设性的学术思考，引导他们对教科书的观点做出正确的选择，并从中掌握更深层的理论内涵，从而实现对课程的系统构建。老师要勇于打破常规、汇聚新意、挖掘亮点，以更加贴近学生的实际情况进行马克思主义的教育，而对历史虚无主义、极端个人主义、文化复古主义等错误观点、错误思潮的影响，思政课老师要深入分析和批判，引导学生坚定理想信念、确立正确的价值观。

（二）创新

高校思政课要做到"八个统一"，使思政课的思想性、理论性、亲和力、实效性都得到提高。因此，高校思政课教师要把握好"创"发展的总体需求，把握知行合一、知其所思、积极探索"三个方面"。要正确认识和掌握大学生的思维共鸣点、情感起点、理论渴望点、困惑点，实现教育手段的双重创新。要把历史观、价值观、国情观和现实观等理论结合起来，把思想政治教育作为一种有效的教育手段，有效地激发学生对思想政治教育的兴趣和积极性。要充分利用互联网、大数据等技术，不断拓宽网上、线下教学的途径和载体，把传统的教学方法与现代科技相结合，构建无处不在的网络教学，增强思政课堂的时代感和吸引力，使得学生真正有所思、有所得。

（三）自强

加强思政课师资队伍的建设，使之更"强"。而要做好思想政治教育，就需要提升思想政治教育的师资力量。思想政治课的师资队伍是实现思想教育目标和教育成效的最佳途径，是思想理论的传授者、信仰的传承者、思想的辩证者、思想问题的解答者、新的理论思想和方针政策的传播者、引导者。

师资力量的增强与素质的提高直接关系到高校思想政治教育的教学质

量，必须以扎实的政治立场、高尚的师德、娴熟的育人能力来严格要求自己。在新时期教育方针的指引下，各级高校要树立"又红又专"的师资力量，重视凝聚优秀的师资力量，不断增强其可持续发展的活力，达到教育"强效"的目的。

第二节　劳模精神与高校思想政治理论课教学

大学是大学生思想政治理论课的重要基地。在各个行业中，都有先进的劳模，引领着整个社会。先进工作者所表现的是时代价值观、道德观念和精神面貌，反映了中华民族顽强拼搏、自强不息的高尚品质，反映了中华民族与时俱进、开拓创新的精神面貌。把劳动模范的精神融入学校的课堂教学，对培养大学生的社会主义核心价值具有重要意义。

一、劳模精神在高校思想政治理论课教学中的价值

在中国共产党的带领下，在不同的历史阶段，我国的劳动模范和先进工作者不断地被国家表彰。他们用自己的努力，在普通工作中做出了卓越的成绩，为整个社会树立起了良好的榜样。德育模式是构建社会主义核心价值观的一种有效途径。

十八大以后，习近平同志十分关注中国高等教育和高等学校的发展。习近平在 2016 年 12 月 7—8 号的全国大学生思想工作座谈会上作了重要的发言。他指出，大学生的思想政治工作与培养什么样的人才、怎样培养人才是一个基本问题。要坚持以立德树人为核心，将思想政治工作融入整个教育、

教学活动之中，全面育人，以推动我国高等教育事业发展新局面。习近平同志关于大学思想政治工作的一系列重要讲话，是对大学生进行理想信念教育和爱国主义教育话语系统的丰富与革新，具有启发性。教育是百年计划的基础，教育是国家复兴的根本。一个民族的发展，取决于教育的发展，而一个民族的富裕与否，也取决于教育的发展。高等学校要把教育作为一个重要的教育目标，把立德、树人作为教育的根本任务，全面开展素质教育，尤其是广大的中小学教育工作者，要把德育作为教育的重要内容，把立德、树人作为教育的根本任务，全面开展素质教育，培养德智体美全面发展的社会主义建设者和接班人，努力办好人民满意的教育。

大学生的思想政治理论课是以大学生为主体，他们承担着重大的社会责任。在高校思想政治理论教育中，要坚持正确的政治方向，坚持国家统一，加强高校思想政治理论课的针对性、有效性；把坚持和发扬好的社会主义核心价值放在首位，把每一个时代的模范都融入课堂的教学当中。在大学的思想政治理论课教学中，德育和法制建设是对学生进行思想品德和法制基础的重要内容。在此基础上，使大学生逐渐养成良好的道德品质，使他们树立正确的人生观、价值观、道德观和法制观，强化社会主义法治理念，提高道德修养，建立具有中国特色的道德和时代精神的价值标准和行为准则，重视从自己做起，从小事做起，努力把自己培养成为有理想、有道德、有文化、有纪律的一代新人。习近平赞扬劳动模范是国家的精英、人民的楷模，长期以来，我们的劳模用自己的辛勤劳动做出了卓越的成绩，铸造了爱岗敬业、争创一流、艰苦奋斗、勇于创新、淡泊名利、甘于奉献的劳模精神，丰富了民族精神和时代精神的内涵，是我们极为珍贵的精神财富。劳模精神是工人对劳动的纯真情怀，是构建社会主义和谐社会的内在动力，激发了全体劳动者奋发向上的劳动热情，因此，劳模精神与思想道德修养与法律基础课的教学目的和教学内容高度契合。

二、树立正确的劳动观——将劳模精神贯穿于高校思想政治理论课教学的预期目标

习近平对马克思的劳动观进行了深入的论述。劳动才是最基本的动力，才能促进整个人类的发展。我们要坚信劳动最光荣、劳动最崇高、劳动最伟大、劳动最美丽的理念，使广大群众充分激发劳动热情，释放创造潜能，用劳动创造更加美好的生活。如何引导学生正确地认识和理解正确的价值观，是每个人都应该认真地去反思的问题。本节通过对部分高校毕业生劳动观念的问卷调查，得出了当前高校毕业生劳动意识淡薄、劳动习惯不良、对劳动关系的理解有偏颇、对劳动成果缺乏敬畏、崇尚物质、渴望不劳而获的结论。如果不能很好地处理好这些问题，不但会对个体的成长产生不利的作用，而且对整个社会和民族的发展与兴衰都有很大的危害。因此，要始终重视培养大学生正确的劳动观念。劳模们的一件件生动的例子，以及劳模的精神所展现出来的强大的紧张感，要深深地打动当今的大学生。在教学过程中，将其应用到培养学生正确认识社会主义劳动观念的目的是达到的。

三、将劳模精神贯穿于高校思想政治理论课教学中的途径

在高校思想政治理论课教学中，我们要创新教学手段，利用多种教学方法吸引学生，让劳模形象根植于心，让劳模精神外化于行。

（一）请道德模范人物走进课堂

高校学生最容易受到榜样的影响，通过邀请榜样到班级里来讲演，能快

速激发他们的情绪，达到良好的教育和教学作用。新疆伽师县、巴楚县于2003年2月24日，发生了一场6.8级的大地震。震后，作者所属喀什学院（以下简称学校）抽调10多位教师到受灾最严重的巴楚县琼库恰克乡参与救灾工作，为灾区提供了大量的优秀人员。我们把先进的人物带到教室里，让他们向同学们讲一段感人的救援故事，让他们了解到一方有难、八方支援的社会主义大家庭的温馨和社会主义制度的好处。为了让思想政治课的教学效果更好，在广大大学生中起到带头示范的效果，学校还组织了一批优秀的教师到学校讲授。学生工作处的老师昆都孜·乃素肉拉，在获得"全国各族人民团结进步先进集体""喀什地区民族团结、进步先进典型"等多个奖项的情况下，走进教室，与同学们进行了座谈和讨论。昆都孜老师从2002年开始就自己对100多位大学生的支持、体会进行了阐述。其次，昆都孜教师对学校内学生的成长与发展进行了分析。昆都孜老师说，新疆的教育方针是有史以来最好的，学生被昆都孜先生朴素的言辞、高尚的情感、崇高的思想和丰富的人生经验深深地打动，他们的掌声此起彼伏。昆都孜老师还表示，如果遇到了财务上的问题或精神上的问题，可以向他求助，他会用热情的服务、真诚的情感、实际的行动去帮助他们。在座谈会的最后，学生也都表示要向昆都孜老师学习，努力学习，为建设有中国特色的社会主义事业做出贡献。

学校还举办了关于"红军故事"的讲座，邀请老战士、老同志和模范为学生们讲红军的历史；组织专家讲师队深入学校和社区，对红军长征精神进行专题宣传；将长征精神的主题内容与思想政治理论课程相结合，在教师和学生中弘扬爱国主义精神，唱响爱国主义歌曲。

（二）通过观看影视作品，感受劳模精神

影视教育是高校德育工作的一个主要环节。电影和电视节目在内容上使

呆板、难懂的道理变得形象和大众化，从而提高了教育的实效；从静止的文本到生动的图片，增加了多种教学方式；从被动式的教育到积极地参与，突出了教育的双向作用；从话语霸权到协调共存，表现了教学的弹性。为了展现和谐、友爱、诚信的社会氛围，我们欣赏了《冰山上的来客》《丝绸之路传奇》等经典电影，赞美了各族群众的榜样。历史是延续的、是真实的、是对将来的启示。现在，中国的故事、中国的灵魂、中国的呼声、中国的强大都是非常有价值的。我们结合授课的内容，安排观看了一部名为《奋斗》的电影，让学生们把自己的感想都记录下来，许多学生都树立了坚定的理想。

（三）利用参观考察，学习宣传党中央治国理政新理念新思想新战略

利用参观考察的机会，帮助大学生了解我国改革开放以来取得的巨大建设成就，使他们充分理解中国特色社会主义理论的科学内涵，进一步推进习近平总书记系列重要讲话精神和治国理政新理念、新思想、新战略进教材、进课堂、进头脑。我们要发挥思想政治理论课主渠道作用，加强对思想政治理论课教师的培训指导，强化思想性要求，重视内容创新，贴近当前形势，鼓励引导广大教师主动编写相关教材，增强课堂教学的实效性；要积极参与全国大学生网络党校开设的专题辅导培训，聆听名师名家谈党中央治国理政新理念、新思想、新战略；要加强课程育人，积极参加国家教育资源公共服务平台组织开展的学科德育精品课程资源征集展示活动。

总之，通过实践教学活动，调动了大学生的学习积极性，增强了他们对思想政治理论课的认同，从而树立起远大理想，为建设中国特色社会主义事业努力学知识、长本领。

第三节　高校思想政治理论课教学质量的路径

十八大以后，高校的思想政治理论课的教学水平不断提高，成绩斐然，实践经验也不断丰富。但是，在中国新时期高校的思想政治理论课程的教学水平仍需不断提高。加强理论教学与实践性教学、实体课堂与网上课堂、教师领学与师生自学的有机结合，是提高大学思想政治理论课教学质量的重要手段。

大学生的思想政治理论是当前实现大学生道德素质培养的核心内容，也是大学生的思想政治工作的重要内容。优秀的大学德育课程能够为我国社会主义事业的奠基人和继任人的发展提供有力的保障，从而为当今的大学生在中国的道路、理论、文化、体制等方面建立起坚强的精神力量。如何提高大学的教学水平，是建设具有中国特色新时期的重要课题。十八大以后，为了提高大学的办学水平，各地的大学开展了大量的实践，取得了许多有益的实践和成果。针对当前形势所面临的问题，提出了提高教育质量的对策建议。

一、理论讲授与实践教学的统一

讲好高校思想政治理论课的教学内容，要以理论教学为主、实践教学为辅，实现理论教学与实践教学的有机统一。

（一）晓之以理，提高理论讲授的说服力

"只要有了说服力，就有了人民的力量；只有将所有的道理都讲清楚，才能让人信服。"全面、深刻、准确地把握教材中所体现的教义，是大学思

想政治理论工作者要做好思想政治教育工作的第一要务。自从 2005 年新方案颁布后，《思想政治教育》的教科书经过了数次修改，内容也在不断地更新。要正确地领会教科书，就需要通过认真地阅读教科书中的马克思经典作品。例如，在《马克思主义基本原理概论》中，老师要把重点放在马克思、恩格斯、列宁、斯大林等方面。在《毛泽东思想和中国特色社会主义理论体系概论》这一课上，任课老师要把重点放在了《毛泽东选集》《邓小平文选》《江泽民文选》《胡锦涛文选》《习近平谈治国理政》等方面。在大学的教学过程中，要使学生了解到教学过程中的关键与难点，就必须认真地阅读教科书和有关文献。例如，要把经济基础这个概念说得明明白白，就必须从《〈政治经济学批判〉序言》《资本论》等著作中，从多个方面阐明什么是生产的总和。大学的思想政治理论课教师既要能够在理论上阐明其理论逻辑、历史逻辑和现实逻辑，又要使之与当今中国的现实相联系。二者的有机统一，不仅可以解释课堂的内容，而且可以增加理论授课的可信度。例如，在讲解生产力与生产关系、经济基础与上层建设关系时，必须以历史和实际为依据，从理论层面阐述人类的发展法则，并以此为依据，阐述我国的全面深化变革的必然性。又比如，在讲述中国特色社会主义新时期这一重要内容的时候，要从历史发展和现实的角度，从中国的历史发展和人民的生活实践出发，阐述中国特色社会主义为何步入新的时代，从而解释它的内涵和意义。同时，大学的思想政治理论课也应该进行历史的学习与研究。缺乏对历史知识的思考，很难将普通的课程讲解得明明白白。比如说，我们要搞清楚我们的民族地区自治权，了解我们是一个多民族团结的国家、了解中国在近代以来与外国的侵略战争、了解我们的人口结构。这对于阐明我国建立民族地区自治权的必要性很有意义。作为大学思想政治理论课的老师，必须立足于马克思主义的理论、立足于历史的思考,用世界的眼光来看待过去的变化,能够在中西方之间,纵横开阖地讲好自己的教育内容。

（二）因地制宜，开展丰富多彩的实践教学

实践性教学是一种以社会性的方式进行的一种教学行为。与传统的理论授课相比较,实践教育更具直观性、广泛的参与性和真实感。在高校开展的实践活动中,培养了学生对马克思主义的研究热情,加深了他们对马克思主义的理性理解,加强了他们对马克思主义的感情,使他们更加坚信自己的理想。近几年,我国大学的实训活动呈现出百花盛放,如拍摄微电影、读书会、参观、调研、唱红歌等形式,效果显著,为提高实训实效性,积累了丰富的经验。实施实习应结合学校的具体情况,充分发挥本地的优势,创建具有特色的实习方法。学校周围拥有大量的红色教育和相关的博物馆,可以利用实地考察进行实习。在一定的基础上,可以进行一些比较困难的实习教学,比如拍一部微型影片,或者组织同学参加有关的讲座,加深和扩大他们的了解。美术院校可以通过文艺演出,如歌唱、舞蹈、绘画、戏剧、歌剧等。通过观看《厉害了,我的国》《这就是中国》《百年潮·中国梦》《我们一起走过——致敬改革开放四十周年》《正道沧桑——社会主义五百年》等优秀影片,以及现场观摩、网上调研等形式进行。总之,实践教育并不是一成不变的,要针对实际的情况进行具体的分析和探讨。但是,实践教学是理论课的一个重要补充和辅助性的手段,它必须在课程内容的基础上,通过合理的教学方式,使学生的感性和理性的知识之间产生良好的相互作用,从而达到理论与实际相结合的目的。

二、实体课堂与网络课堂的贯通

随着我国信息化程度不断提高，我国高校思想政治理论课，既面临着新的挑战，也面临着新的机遇。高校思想政治理论课要在继往开来的过程中不断推进其现代化进程。

（一）薪火相传，展现实体课堂的魅力

近几年，由于信息化技术在高校中的普及，出现了以互联网为媒介的新型教育模式。那么，是否可以用网上的思维来取代现实的教室？高校思想政治教育是一种新型的教学方式，具有一定的优越性，但并不能替代传统的课堂。其原因有三：一是网络的思想政治教育与被教育者常常不在一个时间和空间上，缺乏对学生的理解，使其在课堂上很难达到相互学习的效果。二是实施因人而异的网上德育工作很困难。在广泛普及的情况下，没有对不同层次、不同类型、不同个体进行有针对性的教学，仅采用这样的教学方法是很困难的，因为大学的德育工作既要讲授知识，又要培养学生的理想信仰和价值观念。三是许多高校的网上思想政治理论课在教学中存在着较大的难度。一些网上的思想政治教育是通过网上进行的，但是数量比较稀少。许多网上教程都是经过剪辑的录像素材。由于录像教材的制作过程与实际应用的时间之间有很大的差异，因而无法及时地与马克思的理论发展相适应。因此，网上的思想政治教学无法替代现实的教学。从教育之始，实体教室就存在着，至今已有许多教育者对其进行了大量的探讨，并产生了许多重要的思想和理论。在大学思政课教师中，要全面把握知识、能力和技能，必须在实践中不断地完善自身的马克思主义理论，增强自身的语言能力，并对其进行深入的分析和研究，从而达到因材施教、教与学的目的。

（二）守正创新，释放网络课堂的潜力

网上教室是一种以互联网为载体的教室。与实物教室比较，它是一种跨时空性、丰富性、互动性和虚拟性的教学模式。以互联网为媒介的"政治讲堂"正在兴起。尽管网络思想政治教学无法替代"现实"的教学，但是它必然是一种有效的辅助手段。在加强思想政治理论性和思想性的基础上，利用网络技术，使之在实践中得到持续的发展。在传统的物理教学中，应充分利用网络技术进行学生的思想政治工作。近几年，在我国发展出了很多的教学辅助手段，例如：雨课堂、蓝墨云教室等。这种教学工具能够做到随机点名、播放教学视频短片、课堂测试、成绩排名、扩大课堂教学的广度和深度，进而提高了学生的学习积极性，使老师能够掌握学生的学习状况，从而进行有针对性的教学。二是要在教室以外让同学们了解有关的信息，利用互联网进行思想政治教学。例如，我们国家著名的大学开设了一门与大学有关的课程，这种课程可以帮助我们分享优质的教学资源、缩短学校的教学时间、增进学校的相互学习、拓展他们的眼界、提高他们对马克思主义的认识。此外，还可以鼓励学生利用学习强国的网上学习，了解学校的课程内容，从多个视角去理解和把握马克思主义的基本原理，并在一定程度上更新自己的知识观、人生观和世界观。在信息社会，不应提倡万能、无效的网络意识形态。在当前形势下，高校思政课教学应主动掌握网络教学技术，并通过互联网技术的应用，不断地进行教学方式的改革，使学校的教学与网上教学相融合，促进其良性互动。

三、教师导学与学生自学的互动

高校思想政治理论课，既不能弱化教师在教育教学中的主导作用，也不

能忽视学生在课堂教学中主体作用，单纯的"教师中心论"和"学生中心论"皆不可行，师生之间良性互动才是可取之道。

（一）言传身教，发挥教师的主导性

作为马克思主义理论的传道者、解惑者的当代大学生所需要做的主要有：一是要坚持社会主义的信念。大学生的思想政治理论工作者要坚持对马克思主义进行科学的研究，坚持正确的信念，坚决反对各种错误的意识形态和社会思想。在大学的教学中，教师要做到"信马""言马"，要真正地学习、理解和相信，才可以使大学生形成马克思主义的理想信仰。二是要坚持理论创新。大学的思想政治理论课教学应以教科书为基础，而非仅限于教科书。由于马克思主义的学说在不断地发展和充实，所以很少有及时、实时地进行教科书的更新。因此，大学的思想政治理论课教学必须立足于"学"，以"科研"为驱动，不断地完善自己的理论体系，用"学"的方法来充实自己的思维。大学思政课的老师不能简单地按照课本上的内容去教，而是要将课本上的文字变成一种活灵活现的教学用语，并用富有理论和思想性的说明，让他们明白自己的意思，并能说到做到。三是根据学生的特点进行教学。通过观察、提问、访谈、问卷调查等多种途径，深入了解大学生的心理状态，掌握他们的身体和心理发展的规律，关心他们的现实需求。四是提高自身素质。在大学的教学中，思想政治理论课的老师要不断地提升自己的知识水平和道德品质，以丰富的知识和良好的道德品质来培养学生。

（二）好学不倦，激发学生的主体性

如何让"扬眉吐气"成为"人人皆知"的重要途径，就是要充分调动学生的主观能动性和主体性。这就需要培养学生在思想政治教育中的独立思考能力。特别是，应当着重于下列方面。一是提高教师队伍的凝聚力。教师可以用生动活泼的语言来引起同学们的关注，用深刻的分析来指导他们的观点，用丰富的教学形式来调动他们的学习热情。二是要使学生真正认识到在学校开展思想政治工作的重要性和价值。高校思想政治教育必须让学生深刻地意识到思想政治教育对于个体和国家发展的重大意义。在解决学生问题的同时，高校思想政治教育的老师要让他们更加深刻地体会到思想政治教育的功能。三是思想政治教育的老师能够使他们体会到"学"的乐趣。大学思想政治课的教师应把学生的积极主动融入课堂当中，并采取讲课比赛、辩论比赛、讨论和演讲等形式，使他们在相互协作和竞赛中获得快乐。四是要对学生的学业成绩进行及时的回馈。在思想政治教育中，要注重对成绩突出的大学生的赞扬，对成绩不佳的要给予相应的警示和批判。对学生的学业成绩进行及时的回馈，有助于学生对学业的兴趣和对其进行持续的调节。因此，要使大学师生在大学期间积极主动地进行思想政治教育，取得良好的教学成效。就像孔子说的：知之者不如好之者，好之者不如乐之者。只要他们能在生活中找到乐趣，对他们来说，学业不再是一种累赘，反而会成为一次愉快的探索、思考、成长的旅程。

四、思政课程与课程思政的协同

高校的思政政治理论课与其他课程之间的相互补充与相互配合，是提升高校政治理论课教学质量的重要途径。

（一）深化贯彻落实，引领思政课的发展

"高校立德树人"是高校德育工作的重要内容。加强和完善习近平同志在"全国思政课"和"校园思想政治理论"研讨会上的讲话，是推动高校"四大"

发展的关键，要注意如下几点。一是要搞清楚问题的根源。搞好高校的思想政治理论课，关键在于要把党的各项教育政策落实到实处，落到培养什么人、怎样培养人、为谁培养人这一基本问题上来。大学生思想政治理论课教学要以此为基础，确立教学目的、探讨教学方式、坚持正确的教学态度，以自身的教学实践为中国特色社会主义事业的奠基人和继承者做出贡献。二是全面提升。政治要强、情怀要深、思维要新、视野要广、自律要严、人格要端正。高校思想政治理论工作者要努力提升自身专业素质，加强思想道德建设，努力做一名合格的思想政治理论工作者。三是推进高校思想政治课程的改革与创新。习近平同志多次指出，要推进高校思想政治理论课教学的改革和创新，必须不断提高思想性、理论性、亲和力和针对性。要进一步深化和实施"八个统一"，推进高校思政课教学的多维度交互、内外贯通，提高教学实效。四是要强化思想政治教育工作。"各级党组织要将高校思政课建设列入议事日程，从工作格局、队伍建设、支持保障等几个层面入手，紧紧围绕当前存在的问题进行研究。要建立党委统一领导、党政齐抓共管、有关部门各负其责、全社会协同配合的工作格局，推动形成全党、全社会努力办好思政课、教师认真讲好思政课、学生积极学好思政课的良好氛围。"各级党委要切实增强对思想政治工作的组织和管理，切实有效地推动和促进学校的健康发展。

（二）推进同向同行，增强课程思政的实效

"要把课堂教学作为主要途径，不断提高思想政治理论课的亲和力、适用性，以符合学生的发展需要和期望，其他各门课都要守好一段渠、种好责任田，使各类课程与思想政治理论课同向同行，形成协同效应。"发挥课程思政的实效，应关注以下几点。一是重视学生的思想政治教育。为了让广大的非思政课的老师们意识到，他们所教的课程也具有某种作用，需要进一步

的学习和发掘，才能真正地发挥他们的作用。二是加强与课程教学和思想政治教育相结合的互动。大学生的思想政治课教学应与其进行广泛的、深刻的交流。一方面，通过讲座、座谈、研讨等形式，使学生对其学习的内容和目的有所认识。同时，作为一名思政课的老师，也可以将自己所教授的课程大纲，与其他老师讨论如何将其与自身的教学内容相融合，从而进行相应的思想政治教育。在教学过程中，教师与学生进行思想政治教育的互动，可以加深对思想政治教育的理解和认识，并能使他们更好地了解和掌握思想政治教育，从而优化他们的知识结构，拓展他们的研究领域。三是构建一个良好的教学模式，使课程和思政课相互促进。高校的思想政治教育与其他学科相比，存在着一些差异，但是两者又存在着某种关联。一方面，要从政治立场、理想信念和指导理念等角度，使学生在新的课程中可以选择不同的学科。二是要加强对思想政治教育的了解。"课程思政"与"思政"课是同步进行的，特别是经济学、社会学、法学、历史学、政治学、教育学、文学和新闻学等与"思想政治学"紧密相关的学科，在授课时，不能脱离马克思主义的范畴，而是要从自身学科的视角，来帮助学生更好地了解。而自然科学学科的思政课，则应从学科角度出发，使大学生更好地了解马克思的基础理论，特别是自然辩证法，例如，在讲授概率论和数学统计学时，能使学生了解个体与普遍的联系。又比如，在解释相对论的过程中，我们可以领悟到时空的意义。由于对其所知有限，难以对其进行更深刻的认识。"思政课"和思想政治教育相互呼应、互为补充、相辅相成，提高了大学思政课的教学水平。

第四节　高校思想政治理论课教学话语的困境

高校德育工作中所产生的"教育性话语"具有承载价值、沟通媒介、保障监督等作用，其主导力、亲和力、吸引力关系到高校德育工作的高度、力度、温度，对高校德育工作的成效产生深远的作用。在这种空间条件下，教师的主导力、亲和力、吸引力都面临着持续衰退的窘境，急需借助交往互动、对话方式及在人生关照中分享话语意义等途径来提升教学话语影响力。

"大学的基本问题是培养什么样的人、怎样培养人"，充分利用好"课堂教学"，充分发挥好思想政治理论课教师的重要作用。作为一种语言的象征体系，它既是学校理论课程中的师生互动的载体，又是学校德育工作的重要载体。

一、高校思想政治理论课教学话语内涵的学理阐释

"言语"是一种语言和媒体的象征形式，是在人类交流的时候产生的。知识技能、思想道德观念是在教育、教学活动中不断地通过言语作为载体向受教育人传达知识技能和思想道德观念的内在转化。

从教学实践的角度来分析，教师的教学是在课堂教学的实践中产生的，它是课堂中许多因素的"黏合剂"，起着桥梁和中介的作用。大学思想政治理论课程的教学活动实质上就是思想观念、道德规范和政治规范的言语价值传递。从其构成的角度来分析，大学的课堂话语包括理论话语、学术话语和实践性话语；从动态的角度来分析，大学的教学语篇是由产生、表达、传播

和反馈等环节构成的一套言语符号体系，用以描述、沟通、建构主客体的相互联系。

大学的思想政治理论课是一门具有特有的课程性质与课程的特定教学目的的课程。因而，与其他的教育话语相比较，大学的教师话语在三个层面上表现出了鲜明的特点。第一，思想形态的突显。"意识形态化的概念性，即其政治性和阶级性，即：其清楚地归属于阶级，为阶级的基本利益服务，其功能是维持某一特殊的社会的统治阶级的支配地位。"作为思想战线的前哨站，大学的思想灌输规范、激励、批判辩护和传播结构等具体的内涵，具有明显的政治地位。大学思想政治理论课程的教学话语的意识形态化，需要以马克思主义为指导，坚持为党育人、为国育才，发挥好党和国家代言人的重要作用。第二个是紧密联系。理论话语、学术话语和实务话语是静止的；动态生成、表达、传播和反馈过程相互联系、相互影响、相互转化，呈现出逻辑严谨、层次分明、内容全面、前后呼应的特征。理论与实践之间的联系需要在教学与科研、理论与实践之间建立起统一的体系，统筹推进生成、表达、传播、反馈各环节，优化话语传播链。第三，突出的时代特征。大学生的思想政治工作要因事而变、因时而进、因势而新。要按照高校的教学工作的基本原则，坚持以学生的发展为基本原则，努力提升自己的工作能力和水平。十九大明确了我们处在一个崭新的历史发展阶段：新时期，高校的思想政治工作要主动承担培养时代新生的任务，坚持为党育人、为国育才的初心，持续强化习近平新时代中国特色社会主义思想，始终强化"四个意识"，坚定"四个自信"，做到"两个维护"。作为一种语言象征体系，它为大学的课程目标提供了重要的载体，它的作用是：价值承载、媒介连接、保障监督。

二、高校思想政治理论课教学话语的价值功能

（一）价值承载功能

语言是思考的载体。从一定意义上说，大学的思想政治理论是一种传播的政治实践。没有了思想政治理论课的教学话语，就没有了它的教学实践，没有了它的传播，大学思想政治理论课教学活动也就成为无源之水、无本之木。而这种传递的历程，不仅是意义、价值、观念的延续，更是意义、价值与观念的再创造。不管是继承还是复制，都要依靠教育的语言体系。大学的教学话语作为价值、意义和观念的一个主要载体，有着丰富的内涵。为了使大学的思想政治理论课能够更好地发挥其应有的作用，使其具有更好的教学价值。从实践层面来看，在推动马克思主义理论"进教材、课堂、头脑"的同时，还应将马克思主义生活化、日常化，将教材话语、学术话语转化为教育对象更容易接受的课堂话语、日常话语，实现马克思主义理论教育与受教育者生活实际的深度融合。

（二）连通媒介功能

师生关系是学校的重要组成部分，又是二者相互联系、相互影响的纽带。在这一过程中，思想政治理论课的教师与学生都是课程的主体，但二者之间的角色并不相同。教师是主要角色，而学生是主体角色。在大学开展的思想政治教育中，必须发挥好教师的领导地位。为此，我们必须坚持政治、情怀、思维、视野的教育理念，努力修炼，努力提升自己话语的引导力、传播力和影响力，为大学生扣好人生第一粒扣子。要提高其教学实效，就要充分利用学生的主体性。没有了学生的主体性，思想观念、道德规范和政治观点的内

化和外化是很困难的。所以，在实践中，应充分利用语言作为载体，充分发挥语言的作用，充分发挥其参与高校思想政治理论课的积极性、主动性。

（三）保障监督功能

教师的教学话语不仅具有价值载体和传播媒体的功能，而且具有对大学的教学质量的保障。情境在大学的课堂中是一个非常关键的环节，它在课堂上发挥着指导作用。在这种语境下，大学的思想政治理论课的教师可以用言语来创造一个或高尚，或威严，或严肃，或生动，或活泼的语言环境。这种语篇的差异对教师的思想理论课程的内涵产生了影响。就人的道德修养而言，知、情、意、信、行是人的道德品质的重要组成部分，其中情绪对人的道德品质具有重要的推动和催化功能。大学生的情绪是一种互相影响的关系，因此，在大学里，教师在课堂上灵活地使用语言，可以有效地激发和影响被教育者的情绪，从而保证学生的知、情、意、信、行各个环节的正常运作。在大学的思想政治理论课程中，教师的教育和科研等方面有着密切的关系。为了更好地实现教学中的监督与回馈，我们必须充分利用教学中的语言来进行有效的教学。

三、高校思想政治理论课教学话语式微困境

（一）互联网时代，文化多元影响教学话语主导力

网络技术的飞速发展对人类的生存环境产生了深远的影响。在互联网的年代，人们无时不在、无处不在，网络就像人体的一部分，是人们日常活动的一个主要的手段。特别是现在的 00 后正逐步成为大学生的主要力量，他们从出生开始就被互联网所束缚，而互联网也会陪伴着他们的发展。在互联

网时代，每个人都充当着"麦克风"，而这个时代已经步入了"话筒"的时代。"大众话筒"的出现，使传统的文化交流模式发生了变化，"文化反哺"成了一种主流，教师的资讯资源不再具有优越性，对资讯控制的作用受到了极大的影响。网络社会中，"通俗文化""青年文化""外来文化"等非传统文化与传统文化发生了激烈的碰撞，受到了"西化"思想的冲击，"媚俗性""感官性""宣泄性""暴力性""色情性"等"异质文化"正在腐蚀青年的价值观和行为模式。在互联网的年代，人们试图"在主导的话语结构中重建一种超越了权威的话语体系，这就是对这个社会的再阐释，并给予它特殊的含义，从而向主导的霸权话语的合法性提出疑问"。因此，在网络环境中，网络时代的多元文化空间条件下，高校思想政治理论课堂的主导性受到了极大的削弱。

（二）单向传递降低话语亲和力

在传统的大学思想政治理论课程中，老师与学生之间存在着一种"主、物"的相互联系。在这样的教学方式下，大学的学生处于"话语控制""自说自话""我讲你听""我打你通"等四个方面的特殊体现。随着社会的快速发展，社会经济结构、组织方式和就业方式也日趋多样化，个人的自强意识、创新意识、成才意识、创业意识、主体意识、自主意识等表现出前所未有的多元化。青少年的求新观念高于其他团体，往往以"标新立异"为标志。由此，以往在大学的"人的空间"中，"人的空间"这种"单方传播"的话语方式，往往会受到大学生的"抗拒"和"抵触"。当前，高校思想政治理论课的教学存在着单向传递、"生搬硬套""照本宣科"等现象，往往由于"失语"而缺乏"亲和性"。

（三）现实生活关照缺失削弱教学话语吸引力

"非日常生活和日常生活（包括衣、食、住、行等基本生存形式）的有机统一，才能涵盖人类社会的全部存在域"。但由于历史和现实原因，政治工具被定位在传统的思想政治教育实践中，思想政治教育的社会功能被过度凸显，抽象的原则、原理等普遍知识充斥高校思想政治理论课教学话语体系。高校思想政治理论课教学中，话语如若不接地气，所传授的政治观点、思想观念、道德规范就很难进入大学生所熟悉的文化语境中，反而会与大学生的话语体系产生激烈的冲突，从而在内心深处萌发出对高校思想政治理论课话语的排斥和反感。办好思想政治理论课关键在教师，关键在发挥教师的积极性、主动性、创造性。思政课教师，要给学生心灵埋下真善美的种子，引导学生扣好人生第一粒扣子。只有不断增加高校思想政治理论课教学话语"高度""力度"和"温度"，高校思想政治理论课才能有解释力、生命力和感召力，才能提升高校思想政治工作的亲切感、获得感和认同感。

四、高校思想政治理论课教学话语影响力提升路径

（一）交往互动共建高校思想政治理论课教学话语方式

大学思想政治理论课的教学实质上是一种思想和意识的交流，是一种心灵上的交流。对于学生来说，思想政治理论课的老师处在"独白"和"控制"的单向度的言语传播方式中，忽略了大学生自身的思想品德建设，从而限制了学生的"主体间性"。其实，在高校学生的"我的价值"中，老师所教授的道德准则和价值观念总是被他们所固有的"图式"所左右，而这种"正义性价值"又是怎样融入他们的"我的价值"的，必须由他们自己积极的构建

和内化，而这些"正义性"又不能与他们的亲身经历相结合、融为一体。在网络社会和多元的社会背景下，大学生面临着以95后为主要群体的心理健康成长，亟待建立基于"对话交流"的交际互动型主体性话语模型。基于"对话交流"的交际型大学思想政治理论课的主体性话语模型，要求师生双方遵循信任、平等、尊重的语言生态，通过互相尊重、通过交流来促进共识；其次，在具体的教学交互方式上，应采用启发式、交流式的讨论等教学方式，通过在真实、灵活的语境下，设定主题，蕴含价值，通过交流使学生对问题有科学的认识、对内容的价值进行内化、对思维的迷茫进行解答；最后，教师言语交际应建立起主体性沟通的交互方式，以情化人、以美育人，以情促人，以美为本，主动地关心和处理大学生在生活和学习上遇到的现实问题。

（二）在生活世界的关照中共享高校思想政治理论课教学话语的意义

"工人本来也不可能有社会主义的意识。这种意识只能从外面灌输进去"。高校思想政治理论课教学中必须毫不动摇地继承创新列宁的"灌输理论"。高校思想政治理论课教学的关键不在于灌输，而在于怎么"灌输"。高校思想政治理论课教学"应当能够反映出浓郁的生活气息，鲜明地表达出人们的社会生活需要与价值，注重社会成员的民生内容，增加其人文精神与社会关怀，表达出思想政治教育应有的人文品位"。在高校思想政治理论课教学中，教学话语需要积极关注教育对象的生活世界，只有将教学话语嵌入教育对象的生活世界，才能提高高校思想政治理论课教学的实效性。思想政治教育是社会价值和个体价值的辩证统一，其根本目的在于促进人的全面发展，对大学生个体价值和现实的关照，是高校思想政治理论课教学题中应有之义。实践中，高校思想政治理论课教学中的思想观念、政治观点、道德规范融入大学生生活世界，并不是使大学生保持这种内在规定性驻足不前，而是为了使大学生超越这种规定性，成为自我创造的主体。事实上，高校思想政治理论课教师在赋予大学生内在规定性的同时，也在不断积累着突破这种规定性的种子。高校思想政治理论课在关注社会价值的同时，也要积极关注个体的生活世界，要充分尊重理解大学生的需要，回归个体生活世界。正如习近平总书记所说的要围绕学生、关照学生、服务学生，不断提高学生思想水平、政治觉悟、道德品质、文化素养，让学生成为德才兼备、全面发展的人才。

第五节　高校思想政治理论课教学与批判性思维

批判思考是当前国际上的一种新潮流，也是一种科技人才必须具备的素质，但在国内，对此还没有给予应有的关注。本节认为，在大学里，加强对学生批判思维能力的教育具有十分重要的意义。要在新的信息化社会背景下，进行新的教育改革，转变传统的灌输式教学，创新争论型、敢于提问、创造二次等多种方式，以发展"批判性"的思维。

当前，美国等西方国家对大学生批判思考的重视程度很高，美国的大学非常重视思考、怀疑和批判的教育。近年来，我国大学尽管大力提倡"以人为本"，但对学生进行"批判"的思考，却未得到充分的关注。这导致了我国高校教师批判思维的缺乏。

一、当前大学生批判性思维能力缺失的表现

批判性思维并不是单纯地批判和否定，而是在对事物分析论证的基础上，既有否定性批判，也有肯定性的评价，其目的是为了更准确、更全面、更深刻地认识客观事物。而目前大学生在学习中往往缺乏这种思维能力，其具体表现在如下方面。

第一，在学习过程中对教科书中的现成结论深信不疑、死抠书本，把书本上的知识当成是不变的科学结论和确定无疑的事实。

第二，对所谓的权威"盲目崇拜"，不敢批判和质疑权威。认为老师就是知识的占有者和传播者，老师只是按照书本上的知识去教，认为老师是有学问的人，久而久之，老师成了知识的宝库、知识的权威，凡是老师教的东西、书上的东西，似乎都是永远正确的、不容置疑的。

第三，对时下流行的东西盲目地追随、效仿、跟风。当今社会发展节奏快，社会现象纷繁复杂，相当一部分大学生不愿意对问题进行深层次的思考，对别人的思想观点不假思索的全盘接受，集中表现为一种盲从心理、人云亦云。重感性思维、缺少理性思维，对现实缺少理性的分析和思考，更多的是直观的理解和感性的盲从。

培养大学生批判性思维能力已成为 21 世纪世界教育改革和发展的共同趋势。为了充分发挥高校思想政治理论课的主渠道、主阵地作用，发挥其育人功能，提高政治理论课的时效性，通过思想政治理论课的教学过程进行批判性思维能力的培养势在必行。

二、政治理论课培养大学生批判思维能力的重要性

对大学生进行批判教育，有助于其在信息化社会中求得发展，从而增强其分辨是非的能力。21世纪是一个信息社会，随着信息技术的飞速发展，大学生所处的社会生活越来越混乱、信息越来越多、越来越多的人被信息所吞噬。而在这种信息轰炸下，缺少批判思考能力的人往往会被海量的知识和信息所吞噬。西方高校对批判思考的关注，恰恰与当今社会所处的特定的信息社会环境息息相关。在20世纪90年代初期，小布什和克林顿都认为，美国的高等教育总体目的应该是把学生的批判思考作为首要任务，这是由于信息化的社会迅速发展所致。在资讯社会，当面临海量的知识洪流时，应加强他们的批判思考，提高他们的学习和评估的能力；加强学生对各种知识的辨别和选择能力，抵制各种负面信息的冲击。

对提高学生的创造力具有重要意义。当前，一个民族要想实现经济的快速发展和可持续发展，很大程度上取决于工人的创造力。江泽民同志说，"一个民族的精神是创造，是一个民族繁荣的永恒源泉"。在2006年初，中共中央就确立了一个具有创造性的民族复兴的伟大战略。要达到这一目的，必须培养大量的创造性的人才。要想创新，就必须要善于从公认的定论、不可改变的真理中寻找和发掘出非理性的原因，要善于以一种批判性的目光来审视所遭遇的所有事情，要有批判的心态和能力。提倡批判思考，是促进创造性人才的最直接、最有效的发展。首先，批判思考自身以提倡创造性为其内在的实质与需求，实施批判思考有利于促进整个社会对其产生尊重，进而培养出更多的创造性人才。其次，批判思考能提高学生的创造性，是一个整体的社会创造力的基石。

提高学生的批判意识，是激发他们对社会问题的关注和对其感兴趣的迫切需求。要想把这堂课搞好，必须要有浓厚的兴趣。从目前的形势来看，虽然近几年以来，我国的思想政治课在教学内容、教学活动等方面都进行了一些调整，强调了中国的现代发展，也就是坚持以"应试"的方式进行教学。造成这种现象的主要因素有：一是由于他们对本课程知识的理解不够，导致他们的思考能力较差；二是老师的教育方式有问题，不能激发学生对知识的热情，不善于发掘问题、不善于思考。批判思考最明显的特点是积极的思考。所以，在课堂上，要加强对课堂的教育，要采取批判的思维方式，要让学生自由地思考，要敢于提出问题，要善于分析和评估自己所学到的东西。在这种思考的过程中，他们会慢慢地体会到它的内涵和价值，进而引起他们对它的学习热情。

三、政治理论课培养大学生批判性思维能力的途径

要转变教育理念，进行教育方式的变革。引入启发式和辩论式教学，构建全新的教育模式，是提高学生批判思维的有效手段。由于单一类型的"灌输"模式存在的弊端越来越明显，因此，"辩证法"与"启发性"的教育模式已逐渐被人们所接受。首先，在课堂上，要把启发式和学生的参与性有机地融合起来，让他们敢于提出问题、敢于设想、追求合理，这就需要老师本身的"权威"观念。其次，构建以学生为主体的"对话"型的教育方式，即教师与学生在"互相尊敬、平等"的基础上进行探讨、进行全面的对话与交流，并在此基础上实现对"知识"的批评与革新。其次，由授课改为辩证法。"争论是思考问题的一种方式"，"很多最有价值、最具有批判意味的沟通都是通过争论来进行的。"思维辩证法是指师生对某个问题进行分析、讨论、辩驳、

总结、归纳，进而获得相应的知识。辩证法是学生在进行辩证活动之前要有充足的时间来进行辩证，并且要把辩论赛结合起来，要贴近学生学习和生活，辩证法要有组织，在课堂上要强调辩手的作用，还要注重学生的积极参加，让每个学生在自由争论时作一些补充发言，这样可以营造一种讨论气氛，让"真知灼见"，让辩证型教育变成大学生的一种有效方法。

通过组织学生进行社会性调研，开设二班，丰富实习活动。理论必须和实际联系起来，这样，理论就能一直具有活力。批判思考是建立在实际行动上的。理工类本科生在专业课程中常常会有一些固定的思考模式，他们的逻辑较为严谨，但很少注重形式，从而导致了注重理论而忽视实际的倾向，所以强化实习、锻炼实际、锻炼自己的动手技能，是培养和提升自己的批判性思考的有效方法。以往，政治学的实训教学中的一个薄弱环节就是实训教学，教学中的教学活动多为走过场。其实，在四种不同类型的思想政治课中，都有相当的实践性教学时间，可以通过课堂实习的方式，对学生进行批判性思考的训练。比如，可以将实习学时结合起来，安排学生到乡村、公司进行实地考察，让他们深入基层，了解目前的新农村、新公司的改制、转型等方面的现实状况和急需解决的问题，并在实践中运用所学的基本概念、基本理论来解决问题。通过与现实的直接联系，可以让学生在感性认识和感性经验的基础上，从感性认识上升为理性认识，然后将理性回归现实，进行直接的创新。在这种实践和认知的循环往复中，学生可以亲身体验到理性思考与质疑创新的快乐与诱惑，进而提高他们的批判意识。如果遇到有争论的问题，还可以通过实习来帮助他们辨别是非。老师可以根据有争议的问题安排问题，让同学们充分地上网查询有关材料；利用假日进行社会调研，根据所收集的材料和调查结果，编写一份调查问卷，形成一份有科学性的研究结论，进而加深对问题的理解，从而使学生能够正确地辨别问题，形成正确的观点，提高他们的求知欲，求真务实，同时也能够锻炼他们的自主思维和批判精神。

综上所述，批判思考是现代大学生必须具备的素质，特别是对理工类专业的学生而言，批判思考是培养他们的科研精神和开展科研活动的根本。高校的德育工作是提高学生批判思维能力的有效手段。为了满足21世纪的社会发展需要，高校应不断更新教育观念、创新教学方式、强化实习环节，注重培养学生的批判性、创造性的思考能力。

第二章　高校学生思想政治理论课教学模式优化

第一节　和谐视野下大学生思想政治教育模式

高等学校作为培养、造就德智体美劳全面发展的社会主义事业的奠基人、继承者，是我国社会主义现代化建设的一个主要基地。为此，高校德育工作要以"以人为本"的理念建设。中国的"和"本质及其内涵，提出的时代环境和深厚的"和"理念，使其成为"和"的视角。从教育目的、教育内容、教育主体、环境、方法、管理等各个方面来看，大学生的全面协调发展是社会发展的必然要求。

高校学生的思想政治教育是以特定的思想、政治、文化、社会等为目标、内容、方法、机制等方面建立的一种综合的教育理论模型和现实范式。可以想象，在高校学生中，如何构建一套行之有效的德育管理模型，对于解决高校学生的思想政治工作具有重大的现实价值。

高校毕业生是我国高校培养的一支优秀的青年队伍，是构建社会主义和谐社会的一支重要力量。高校德育工作是高校德育教学的重要内容。把高校学生的思想政治工作列入"和谐"的视域，是高校德育工作的实质与内容。在"和谐"的视角下，高校学生的思想政治工作是对高校德育工作的一种新的思考。在"和谐"的视角下，高校学生的德育教育应从教育目的、教育内容、教育主体、环境、方法、管理等各个层面，形成一个有机系统的整体。

一、大学生思想政治教育目标的和谐

以往的大学生思想政治教育在教育目标的定位上模糊不清。早期的教育目标定位在"精英"型教育，偏重于对大学生进行政治教育、理想人格教育、高尚道德情操教育，偏离学生的学习、生活、思想，实际效果不理想。大学扩招以后，大学教育开始从精英教育走向平民教育，倡导一种"大众"型教育，强调德育本身是面向大众、面向生活的，培养的是参与社会的公民，而不是培养社会精英或者楷模。这种以平凡性代替高尚性的教育虽然是对过去"精英"教育的一种反思，但却失去了思想政治教育的本质特征。

在和谐视野下，我们重新审视大学生思想政治教育，其目标应该是培养和谐的人，造就和谐的个体，就是要使每一个学生具有健全的人格、心理健康，有正确的世界观、人生观和价值观，能合理地处理个人与自然、个人与社会错综复杂的关系，做到融入自然、融入社会，做到全面发展。这是一个大的目标体系，这个大的目标体系应该由若干个子目标构成：

低层次目标——培养学生成为健全的人；

中间层次目标——培养学生成为社会的人；

高层次目标——培养学生成为一定阶级的人。

这些高低不等的目标构成一个完整和谐的目标体系，不可或缺也不可偏废。

二、大学生思想政治教育内容的和谐

在"和谐"的视域中，思想政治教育的各个方面要做到比例合理、协调、统一，形成一个完整的体系。

同时，生活教育离不开对大学生的生活教育，因为生活教育是最基本的目标，是让他们在人生中树立自己，学习如何成为一个真正的人。杜威的观点很清楚：教育即生活；陶行知的教育理念也是我国教育界公认的理念，他的教育理念是"人生即教育""社会即教育"。生活教育需要道德超越单纯的理性与理想化的境界，向五彩缤纷的真实人生世界迈进。从道德教育的目的上，从约束型道德教育转向发展型道德教育，重视教育、关心人生、爱护生命、懂礼仪、养成良好的品行；从道德教育的内涵来看，它扎根于现实，为生命服务，强调"生活性"。重视对学生的责任感、诚实人格的培养，对学生进行同情和关爱的教育。

三、大学生思想政治教育主客体的和谐

在传统的思想政治教育学中，主体之间存在着矛盾。传统上将老师视为教学的主要对象，将学生视为教学的对象、接受信息的"靶子"，将其视为一种单方面的教学，忽视了其主动参与的作用，这与其自身的发展方向相背离，与其基本目标相背离，实践中的作用并不明显。近年来，我国"以人为本"思想的兴起，使人们更多地将学生视为教学的主要内容。倡导自主认识、自主选择、自主思考、自主控制和自我发展。在教学内容的选取上，注重学生的人生，贴近学生、贴近实际，依靠学生、相信学生；在教育方式上，提倡对话式教育、体验式教育、自我教育和个性化教育；在教学中，要做到以人为本。

倡导主动性的教育，固然是一种新的教学理念，也是解决问题的有效途径，但我们也应该认识到，作为高校思想政治工作的主要组织者，即老师，通常都是接受过专业培训或者长期工作的人，具备一定的理论知识，具备一定的教学经验和技能，再加上他们是组织者、策划者、实施者和调停者，在思想政治工作中起着主导的角色。而在教学过程中，教师要充分调动自己的积极性，提倡学生的自主学习，这对自己的素质有很高的要求，而且一些高级的教学，也需要老师的引导、说理和灌输，教师的引导是必不可少的。

所以，"双主体"是高校学生的工作，没有教师的主观能动性，学生的主观能动性就会下降，反之，学生的主观能动性则会被激发出来。

四、大学生思想政治教育环境的和谐

环境是社会环境、学校环境和家庭环境，是人们道德素质形成和发展的必然结果。

大学生接触的社会环境无处不在，这就需要引起整个社会的高度关注。大学生的思想和行动受到了一定程度的社会环境的制约。根据其教育因素，校园环境可划分为教育与学习环境、管理与校风环境、人文与硬件环境。

营造一个和谐的学校园林环境。在校园园林的设计上，要把德育理念融入学校的规划和建筑设计当中，对学校基建的教育作用进行全面的渲染和强调；学校建筑的科学性布置，使校园的人文气氛得到最好的发挥，起到导向、调适作用；在学校里，我们要用心地创造一个美丽的、干净的校园，让同学们在一个美丽的环境中，培养自己的情感。

大学的文化氛围是大学文化内涵和精神底蕴的一个主要体现。因此，必须注重营造高雅的文化氛围，并充分利用它的教育作用。

营造一个和谐的家。家长的职业、教育程度、经济条件和思想政治道德品质是影响其家庭环境的重要因素。家庭是一个社会的基础单元，一个人一生中有三分之一时间生活在这个大家庭中，受教育的结果是终身的。大学生尽管离家独自生活，但是他们还远远不能完全的独立，他们对家庭的依赖性不只在于他们的身体，更在于他们的心理健康，家庭的生活条件、家庭的气氛、父母的思想品德，都会对他们的子女产生一定的影响。

五、大学生思想政治教育方法的和谐

近年来，传统的教育方式因其自身的缺陷而备受抨击，而生活教育、成长教育、网络教育等新教育方式也越来越受欢迎。实际上，各类教学手段都有各自的优势与不足，它们各自的适用目标与内容也不尽相同，应当相互补充和匹配。

显性教学法与隐性教学法是相互协调的。明示教育是在公共场所，运用多种公开的方式进行领导、组织和系统的思想政治教育。理论教育、宣传教育、实践教育、疏导教育、榜样教育、批评教育等是明示教育方法。其优势十分显著：能够将社会主义主流意识形态的理论和价值观系统化，促使学生进行积极的接收；但是，显性教学的弊端也十分突出，例如，一些德育内容的直接显性教学法很难实现，尤其是它会让学生有一种"强迫灌输"的错觉，从而导致学生对教育内容的理解、接受和内化受到影响，从而严重地影响到其实践的成效。

近几年，无论是在思想政治领域还是在实际工作中，默会教学都备受欢迎。与显性教学相比，隐性教学是一种不让被教育者自觉地被教育的方式，强调了其教学的作用，注重培养学生良好的学习环境，主张通过暗示、启发、诱导和激励的方式，让受教育者受到周围的环境和文化的熏陶。隐性教育法对显性教育法的不足进行了补充：它将教育的具体形式"渗透"到社会的每一个层面，并对其进行着潜移默化的影响。通过将抽象的理论融入特定的环境中，可以有效地降低大学生的逆向情绪，并对其思想道德认知和行动形成一种潜移默化的深刻影响。但其弊端是：由于缺少系统化、规范化等原因，导致其存在着一种不清晰、无具体的德育目的，严重地影响和削弱了其权威与成效。

从这一点可以看到，显性教学与隐性教学可以互补，也可以在教学中相互渗透、协调。

教育与体验教育、成长教育相结合。一方面，在高校学生中，灌输式教学仍然是主要的教学手段。高校思想政治教育具有较强的意识形态特征，它的特点决定了高校思想政治教育要向学生进行科学的教育。同时，体验教育和成长教育在培养学生的思想品德教育上也有着明显的优越性。经验教育是基于对受教育人的主体性的尊敬，根据建构原则产生的一种教育方式，它的本质在于，对学生的德行进行自觉的构建，而非单纯的对道德的传授。经验性的教学需要在学校里进行有效的德育活动，营造具有感染性的、真挚的德育环境，激发他们亲身体会到的德育经验，了解社会的伦理需求，并将其转化成自身的思维和行动。它既尊重学生的主体性，又与其思维的发展规律相一致，又具有长期和稳定的作用。发展教育是指通过参与社会实践或个人的日常行为，使其养成良好的道德品质和行为习惯。成长教育强调的是学生在日常生活中养成的行为，重视对其进行良好的行为习惯的培养，使其逐步成为自身的道德观念。它有效地解决了传统的"以人为本、以人之道而治之"的思想、"以德服人""以人之德""人之善""善"之"善"，是一种极难转变的教学方式。

网络教育与心理咨询相结合。高校课堂教学是高校学生进行思想政治工作的重要途径之一。在网络中学习、交友、娱乐，信息传播也受到影响，如果不注意网络教学，就会丧失一个主要的思想政治工作平台，导致了思想政治工作的"死角"。另外，通过对大学生进行人生观教育、价值观教育、德育教育、社会适应性教育、健全个性教育等方面的研究，可以为教师提供一些有效的参考。面对着人生、理想、专业学习、找工作等诸多问题，面临着巨大的社会压力。许多大学生的思想问题都是源自其自身存在的问题，需要通过心理辅导来改善其心理状态，使其成为一个健康的个体，从而更好地进行思想政治工作。

六、大学生思想政治教育与管理的相互和谐

《中共中央国务院关于进一步加强和改进大学生思想政治教育的意见》提出："要树立正确的思想品德，树立正确的社会风气，不仅要有耐心的思想教育，还要有科学的、规范的制度。"高校德育目标是通过各种法律法规和规章制度对高校毕业生进行严格的控制，从而引导学生自觉地以社会、自然等方式进行有效的引导。教育以内心的观念来治理人，以外部的制约来进行教育。

要做到科学管理与以人为本的协调统一。科学化管理强调目标管理，严格的规章制度和规划清晰的责任与使命，人性化管理是以学生独立人格、自由个性和情绪需求为依据的，以"学生"为核心，以发展学生和解放学生作为管理目标。在管理方法上，通过说服教育、情感投入、关怀、形象影响、心理沟通、激励尊重等灵活的管理方法，使管理者的愿望和管理者的行为成为可能。

以"和谐"为指导，以"以人为本"的和谐社会建设，实现各方面、各环节的协调与匹配，才能充分地将其"合力"充分地运用于实践之中。高校德育工作是促进学生的全面发展、与社会和谐、与人和谐、与自然和谐的一种有效方式。"和谐"是指把"以校园为中心"的多种不同的教学要素形成全面、协调、整体优化的育人环境，它是学校各个子系统及其要素相互协调、相互促进的状况，反映出以人为本、民主法制、公平公正、充满活力、诚信友爱、安定有序、文明整洁的基本要求；它是学校与社会互动、教与学相长、自然与人文交融、学校各项事业和谐发展的综合效应。在"和谐"的视角下，高校德育工作必须不断探索，不断完善、全面、协调发展的途径。

如何准确地认识大学生思想的现实特征，赋予其新的历史意义，是一个需要不断探索的课题。建设社会主义和谐社会，是高校德育工作的重要内容。从和谐的视角来考察和提高高校学生的思想政治工作，符合高校的实际，适应和谐社会的发展需要，这对开启高校思想政治教育的新局面、为社会主义和谐社会的构建输送高素质的建设者和接班人具有十分重要的意义。

第二节　大学生思想政治教育活动模式

在新的历史条件下，高校所面临的内外环境都在不断变化，这给高校的发展带来了新的机遇与新的挑战。针对这一问题，本节通过对新形势下高校思想政治工作的重大影响，归纳出目前存在的问题和不足，并着重探讨了改进措施，以期对提高我国大学生的思想政治工作具有一定的参考价值。

高校的首要任务是培养适应社会主义新时期的高素质的应用型人才，面对网络信息化、经济全球化、政治民主化等新的社会和时代背景，高校思想政治教育工作者坚持与时俱进，加强科学指导，创新大学生思想政治教育的内容和活动载体，实现理论教育与实践教育的有效结合，更好的发挥大学生思想政治教育工作的功能和价值。

一、加强开展大学生思想政治教育活动的重要意义

随着社会经济的发展，当代大学生的思想观念和价值观念呈现出多样化的发展趋势，高校作为文化交织与思维碰撞的前沿，更在一定程度上凸显了思想政治教育活动的重要性。

大学生健康成长的需要。在目前的大学生当中，独生子女的数量在不断增多，然而适应新环境的能力却相对较弱，这显然不利于大学生的健康成长。对于目前的高校在校大学生而言，比较突出的问题主要表现在以下几点：①在进入大学校园后，学生的学习压力有所降低，很多学生放松了对自己的要求，甚至沉溺于网络，遭受一系列负面因素的影响，思想滑坡的问题比较严重；②学生的虚荣心有所增长，经常出现攀比、炫富等现象，自负、自傲的学生越来越多，学生的集体意识和责任感在不断下降；③学生自我约束、自我管理的能力较弱，对于承受生活、情感、学习上的挫折与压力的能力不够强，学生缺乏理性思考，容易出现心理健康问题；④学生的个体意识过于严重，同教师、学生之间的沟通能力在不断下降。面对学生在大学环境中的种种表现，为了提高当代大学生的培养质量，应当进一步拓展思想政治教育的职能和范围，不断提高学生的思想政治素质。

应对高校扩招、思想政治教育紧迫性的需要。随着高等教育扩招政策的不断实施，大学生的在校数量与日俱增，大学生在综合素质上的差异也表现得更加明显，这就对传统的思想政治教育活动的模式提出了新的挑战。传统

的教育模式显然已经无法满足当前思想政治教育的各种需要，有限的教师资源和基础设施决定了不可能再对学生实施全过程、全方位的微观管理与控制。因此，在高校扩招的教育背景下，学生思想政治教育模式与实际需要之间的矛盾越来越突出，需要对开展思想政治教育活动的传统模式进行创新和发展，增强思想政治教育活动的针对性和有效性。

近年来，高等院校培养的学生数量在不断增加，但是毕业大学生的质量却没有实现明显提升，这与当前高等教育的初衷和目标是不相符的。在知识经济背景下，随着我国市场经济的不断发展，经济全球化趋势的不断加强，对大学生的综合素质提出了更高的要求，同时要求学生能够真正适应价值取向多样化、思想观念复杂化、学习生活网络化的发展趋势，树立正确的人生观、价值观。

二、传统的思想政治教育模式的弊端

近几年，高校的思想政治工作已基本形成，高校学生的思想政治工作能力较强，工作成效较好。当前，随着知识经济、互联网的发展，高校思想政治工作所面对的内外形势都有了较大的变化，有很多新的工作内容和特征，因此，必须对其进行改革与发展。传统型教学的缺陷有：

高校学生的思想政治工作方式和方法比较滞后。高校学生的传统思想政治教学过于依靠讲授、传授理论，采用"灌输式"教学方式，使得学生在学习过程中总是处在一种消极的状态，很难激发他们的主观能动性。比如，许多高校忽略了"爱心服务""社会实践""校园文化"等"潜移默化"的教学方式。在课堂上，由于没有充分发挥作用，没有形成良好的学习效果，许多老师忽略了运用多媒体等现代化的技术手段，学生对学习没有积极性，有些老师和同学把思想政治教育当作一种可有可无的东西，这就造成了许多的思想政治工作浮于表面，流于形式。

高校德育工作的组织方式还不完善。首先，当前高校领导学生思想政治工作的机构设置有一定的不足，其原因在于：一般情况下，大学生的工作是以党委副书记、副校长为主，学生管理处是其主要的管理与协调机构，负责制订具体的目标、内容、计划等。学校团委是学校、系、班级三级的组织结构，以学校为单位，进行各种形式的思想政治工作。然而，这与目前高校教育的个性化、特色化以及大学生自身发展的个性化要求不符。另外，当前高校学生的思想政治教育活动组织方式还存在着一定的局限性，既忽略了学校外部的教育资源，又忽略了学校内部的各种教育活动，只注重自身的发展，而忽略了与其他教育的互动，导致了高校道德教育与知识道德教育的分离，既影响了全面性、针对性和有效性，又阻碍了学生的全面发展。

与学生的实际工作和现实脱节。当前高校学生的思想政治教育还未受到有关部门和教育界的充分关注，其理念的滞后，致使其在教学中的作用和传播的价值难以被学生接受，这与学生的实际生活、实际情况有着密切的联系。总之，高校学生的思想政治教育和提高学生的思想品德修养必须基于学生对其的认识，并经历知、情、意相结合的心理过程，从而使其成为学生的整体素养。但是，目前高校学生的各种形式的思想政治教育实践中，学生的各种不同的学习方式与其自身的情感诉求有着很大的差别，忽视了他们的个体需要，这对于有效地进行思想政治工作是非常不利的。

三、完善大学生思想政治教育活动模式的有效措施

以"以人为中心"为宗旨。在新的时代背景下，高校学生的思想政治工

作要紧扣"以学生为中心"、"以人为本,以人为主体"、"育人为本,德育为先"。只有这样,大学的思想政治工作才能更好地引导和促进大学生的生命发展,充分发挥他们的主观能动性,使他们从"被动接受"向"主动学习"转化。

强化学校管理队伍。随着我国大学生数量的增多,大学生的就业形势日益严峻,如何加强大学生心理健康教育的组织和能力,如何增强大学生的整体能力,显得尤为关键。首先,要制定健全的教育训练方案,促使教师及时改变教育理念、健全知识体系、丰富教学手段、拓展教学途径和功能,使教育工作者工作职能进一步提升。其次,高校要加强高校辅导员的工作,充分利用好学生的心理动态,从而提高德育工作的针对性和实效性。

与学员的生活和个人需要密切联系。当前,高校学生的思想价值观日益多样化,个性化发展的需求日益强烈,高校德育工作应突破"填鸭式""一刀切"的常规教学方式,坚持"以人为本"的工作理念,培养大学生良好的人生观、价值观和人生发展的方向。另外,对于个别的个体需要,教师应该给予充分的关注,以保证他们的价值观和思维动力的准确度,加强他们自身的管理与自控。

要充分运用现代的教学手段和方式,如互联网。加强高校学生思想政治教育的时代性、先进性,是加强高校德育工作的重要途径。运用互联网技术,既可以提高教学效果,又可以激发学生的积极性,又可以拉近与同学的关系,为师生的交流创造一个很好的平台。通过社会服务、课外实践等方式,使高校德育工作更加具有层次。

当前,在"知识经济"时代,高校思想政治工作者要突破原有的教学方式和教学手段,勇于改革和发展,确立正确的工作目标,紧密结合大学生的实际生活和现实需要，增强思想政治教育活动的针对性和实效性，提高当代大学生的综合素质，为我国的社会主义现代化建设提供更多高素质的人才。

第三节　融媒体时代大学生思想政治教育管理模式

随着社会科学技术的飞速发展，新形势下的大学教师要转变观念，努力适应新形势。在对当前的社会发展状况进行细致的分析和调查的同时，还要从学校的各个层面和学生的现实发展的需求出发，在教学管理的进程中，不断地引入新的信息技术和新的管理理念。

随着社会的发展，人们获得的信息越来越丰富，越来越多的人可以通过互联网等工具来获得自己想要的知识。然而，高校毕业生在网上很可能会遭遇到一些负面的内容，如虚假的资讯和错误的想法，严重地妨碍了他们的正常三观和心理。为此，大学老师必须顺应时代潮流进行管理的变革，运用多种现代的管理理念和快速有效的方法进行教学工作。

一、融媒体时代大学生思想政治教育管理模式存在的问题

当前我国的教育体制伴随着我国的发展而进行着持续的变革，但目前我国大学所实行的教学体系、教学管理方式却与当前的教育需要以及现实的发展有很大的距离。目前，我国实行的新的教育体制，需要由各系统的行政人员来承担起面向全体学生的政治工作，但是，大多数大学都会因为受社会需要和教育的需要而产生压力。二者思想观念上的差别，必然会造成学生受到各种教育观念的影响，从而造成他们的人格分裂。然而，由于目前我国的新

一轮的改革，实行了以"校长"为主的思想政治教育的行政工作，但是由于没有相应的物力和人力来支持，也没有从学生的视角来进行教学和管理，导致了目前的高校思想政治工作比较薄弱的问题。此外，比较多的大学采用的是行政手段进行的管理，而不是按照学生的具体状况来实施"因材施教"。在实施工作的时候，既不运用现代技术，又不采用先进的管理理念，不采用现代技术，就会造成现实的思想政治工作与管理工作发生偏差。

二、全面加强融媒体时代大学生思想政治教育管理的有效措施

（一）加强教育管理体制的建设

随着我国经济的飞速发展，我国的教育体制也在不断地进行着变革，传统的思想政治工作体系已无法适应当前的教学工作需要，为此，高校的教师要在教学工作中进行创新与变革，以求有所得。要实现这一目标，必须在现有的党委领导下进行制度创新，既要充分兼顾学校的发展和办学的需要，又要适时地指导学校的党委、学校领导改变传统的办学理念。这就需要他们按照相应的管理规范来进行各个环节的工作，并针对不同的经营状况，对其管理方式和方法进行相应的改革，以使两者的协同合作达到最大程度，从而实现一个崭新的教学体系的整体构建。

比如，有关主管部门可以根据学生、教师、专任教师、职能部门教师等不同的群体，进行信息的甄别与集成，对其进行科学的语言结构和准确的甄别，并将相应的管理成果传递到这些群体中。只有如此，教育管理工作才能深入人心，细致入微。同时，学校的领导和学校的党委也要从整体上提高工作条件，为学校的文字、美编、摄影、采访提供相应的工具和良好的工作条件，以保证学生能在第一时间内得到第一手的教育管理资料。还可以通过加大对

信息技术的培训，让学校的行政和老师们培养网络思想，使他们更好地把新媒介应用到教学工作中去。

（二）借助融媒体手段进行管理

通过多种有效的、快速的互联网和多种多媒体教学方式，实现对学校教学工作的全面监督和评估。保证学校的实际教学活动可以被管理者所掌握，以便管理者可以按照有关规定进行有效的指导和调节。同时，应强化科学化、科技化水平更高的评价管理体系，运用信息技术对高校学生在实施过程中的各个环节和各个环节所能承受的问题进行细致的调研，并运用科学的评价准则对学生进行综合、深入的分析。

建立以共青团、市委宣传部为核心宣传窗口，微信公众号、校刊、学校官网等为主要宣传媒介的宣传阵地。同时，通过 QQ 智慧校园、高校团委官方微博、校园网、校园报社、广播电台等平台，构建校园团委的新媒体平台。同时，还可以通过老师的组织，组建学生社团、学生会等相关的行政管理机构，并在微信公众号、微博等方面进行有效的管理。还可以由专门的老师来指导大学生的思想政治教育工作，通过多种有效、便捷的媒介途径和方式实现编辑整理、收集素材、自主策划等方面的工作，并将整理后的内容公布在高校的媒体平台上。同时，学校也可以与当地的新闻传媒组织开展工作，将学校优秀的政治工作和行政工作的成果及时报送到日报、电台、电视台等新闻媒体，利用各类新媒介的平台，增强学校的影响力和凝聚力。

在实施新的教学活动时，既要发挥其自身的优点，又要通过多种媒介手段，来增强自身的管理能力。在全面强化思想政治教学的严密、科学的基础上，更好地把握大学的各个领域发展的特点，并及时地针对学生的反馈做出相应的调整与完善。为新媒介时代高校学生的思想政治工作做好准备。

第四节　大学生公寓思想政治教育生态模式

在思想政治工作中，环境是影响学生学习的主要因素之一。邱柏生教授指出，这些因素并非孤立存在，它们之间存在着互补的关系，形成了一个良性循环。环境因素、教育者和接受教育者三者是一个整体的环境。高校学生的价值观、利益诉求的多样、学生特点的新变化、高校学分制等新的影响，形成高校思想政治教育育人作用，形成高校思想政治教育生态的良性联动，成为高校思想政治教育的新话题。

一、公寓思想政治教育生态系统的构成

它包括：主体（教育者）、客体（受教育者）、中介体（途径）、环体（教育的环境）。在这种生态体系中，以居住在宿舍的思政顾问为主体，以学生为对象，以宿舍为中心，以文化体系为载体，以教学对象为载体，以"持续地调整和主动地改变"。

在这一生态体系中，教育的生态环境与教育的主体（教师）、客体（师生）是互相影响的，而教育的对象则是通过其教学的方式（中介），充分发挥其所具有的积极效应。教育的环境是一个非常复杂的社会问题，它不仅包括居住条件等硬体条件，还包括教育制度、管理规范和公寓文化等。

二、公寓思想政治教育生态的运行模式

高校学生的心理健康管理体系是一个具有内在关联和功能的、动态的体系。高校校园德育的生态圈建设，是以教师和学生为主体的生态系统为支

撑的。

高校学生的主体是相互影响的。在高校学生的心理健康教育中，教师和学生的心理健康状况是影响大学生心理健康成长的重要条件。在高校思想政治教育的生态体系中，教师和学生是对立的，一方的生存是建立在另一方的生存之上的。在实际操作中，辅导员根据学生的实际需要和心理特点，有针对性地进行心理疏导，把社会、学校认可的道德准则和价值观"灌输"到他们身上，从而培养他们的"科学、向上"的价值观念。在时代的变化中，80、90 后和 95 后的大学生都有着各自的个性特征和行为特征，这就需要教师（辅导员）在调整自身状况，不断加强自身的教育水平来应对不同的情况，这是主目标循环的一个方面。"教学相长"是一种重要的教育原则，同时又是一种主客关系的周期，在解决学生的日常问题、做好心理疏导的同时，还要与同学进行情感沟通，把情感的作用发挥到极致。同时，也可以从多个层面上锻炼学生的素质，从而在老师与学生之间建立起一种良性的关系。

高校学生的思想政治课教学中的"人"与"人"的相互作用。"某种程度的思想政治教育与特定的情境紧密相连，并与其相互作用"，其理念的生成与实际的社会背景有着紧密的关系。教师对学生的心理健康状况进行评估，从而使其形成对学生进行心理健康教育的基本认识和教育理念，并将其所具备的文化意蕴与自身的教学方法相结合，从而为其提供有效的教学服务。宿舍的制度规范、文化内涵也会促使学生养成与学校期望相适应的规范，比如"不准吸烟""禁止乱扔"等口号会间接地、潜移默化地规范和制约着这些人的言行，从而逐步影响到整个校区的学生。在学校里，校园里的各类学风、党建等，都能把优秀的同学团结起来，受到良好的氛围和模范的影响，让他们的成长受到积极影响。

三、遵循规律，建构良性的公寓思想政治教育生态模式

大学生思想政治工作的健康运行有赖于两大要素的和谐、相互作用与协调，在此基础上实现能量与信息的动态均衡，需要根据自身的发展特点，构建具有可持续发展的生态模型。

以学生为主体，构建和谐的教学主体与对象的关系。从根本上讲，高校的德育工作应该是一个个人的个性和思想政治品格的培养，是个人与社会的需求相互影响的结果。在实践中，在实施公寓式的思想政治教育中，学校的宿舍在某种意义上已经演化为一个单一的、由教育者对其个性与行为准则进行的单方面的影响，仅侧重于对其"灌输"价值与要求，站在教育者自身的角度去构建所谓的"教育平台"，而忽视了对大学生的实际需要的关心。然而，在教师的职业基础上，教师又要承担生活、党建、心理、就业等多个层面的辅导，导致教师在处理问题时"力不从心"，影响了教师的工作效能，也影响了学生对教师的信心和认同。

提倡"以学生为中心"的公寓思想政治教育，需要教师在实践中不断提升自己的专业素质，调动各种社会力量，引导和服务于大学生个性发展。加强大学生的主体性、主动参加活动，在自我管理和服务的观念中培养自身的素质，培养大学生优良的思想政治品格。

以人为中心，构建和谐的生态与人类之间的相互影响。"以人为中心"的生态伦理，突出了人的绝对占有与主宰，而"人之本位"强调了人与自然的关系，并与其共生。在高校学生的心理健康教育中，环境因子起着举足轻重的作用，既是学生参加活动的主要场所，又是其影响的主要途径。从这种角度来看，学校的教学环境和被教育者是一体的，教学的环境和被教育者的

质量都是互相促进的，因此，要提倡"以人为中心"的环境构建理念，就必须重视学生的实际需要，充分调动他们的主观能动性，使他们参加到情境构建的活动之中，从而培养他们的自觉性。

以人文为基础，构建可持续发展的德育生态模型。从"育人"的视角来分析，高校德育公寓与高校德育校园存在着紧密的关系。公寓的德育工作不能把公寓与整体的校园生活相分离，而是要把它当作一个主要内容，通过构建校园的精神与文化观念的有机结合，把校园的德育理念、文化内涵等导入到公寓里来。在大学生的心理健康教育中，以"文化"为核心进行心理政治教育，具有增强学生的针对性、吸引力和感染力的作用。

公寓的内在文化观念是促进公寓的德育工作、促进大学生的价值观念，正如家风、家训等对学校的价值观念一样，其内在的文化观念是公寓思想政治教育生态氛围营造的重要因素，在对学生人格塑造和价值观引导上具有潜移默化的作用。只有充分利用公寓的可延续性和继承性，才能使其在校园中的生态循环得以实现。

第五节　大数据时代大学生思想政治教育模式

随着大数据的出现，数据的传播速度越来越快，范围越来越大，对高校学生的思想政治工作提出了新的要求。一方面，他们可以在网上获得大量的资讯，拓宽他们的眼界，增加他们的知识，但也会导致他们在面对大量的资料时，不能做出准确的判断，从而导致他们丧失自己的道义。而在高校学生中，通过大数据可以帮助学生收集和分析学生的心理状态，从而避免了传统的思想政治课教学模式的弊端，而公开的信息会使学生与老师的自我意识分离，从而削弱了学生的主体意识。本节从大数据的角度，分析了当前高校思想政治工作中存在的问题，并提出了相应的对策建议。

一、大数据时代给大学生思想政治教育带来的挑战

随着大数据时代的来临，对每个人都是一扇全新的门，大量的知识涌入他们的身边，让他们的眼界更加的宽广，而大数据则可以让他们的好奇心得到极大的释放，让他们的思考能力得到了极大的提高，他们的想象力和表现力也得到了极大的提高。随着大数据的出现，资讯的全球化，大学生们可以在一秒钟内获得世界各地的资料，通过分析，了解和学习更多的专业知识，增强他们的学习主动性，增强他们的阅读能力，丰富他们的课程内容，拓宽他们的眼界。然而，随着大数据的发展，大学生也受到了很大的冲击，信息五花八门，有正面的、也有负面的，面对着如此庞大的信息，学生们能否按照自己的价值观，做出自己的判断？面对如此庞大的信息流，许多学生会不知所措，最终会被庞大的网络所淹没。随着大数据的到来，公开的、庞大的信息流涌入到了每个人的手中，让他们可以自由的选择、获取和产生数据，某些不好的资讯会使他们丧失自我、沉溺于其中，渐渐丧失了自己的道义和责任心，而随着大数据的迅速扩散，这种负面的资讯也会在网络上泛滥，使得某些原本没有多少良知的同学，丧失了理智，从而失去了自己的价值。

随着大数据的出现，大学老师面临着前所未有的严峻考验。高校学生的思想政治工作最关键的就是与学生进行有效的交流，而传统的教学方法主要是与学生进行一对一的交谈，或者召开专题班会等，但由于教学能力和心理因素的限制，很难把握住学生的心理状态，从而造成了学生的心理问题。在

信息技术高度发达的今天，大学生可以在信息社会中畅所欲言，并对数据进行收集、汇总和分析，以获取其心理活动的信息，从而突破了以往的思想政治教学的固有氛围，克服了以往的消极影响。利用大数据可以实时了解大学生的心理状态，指导他们树立正确的人生观、价值观和世界观。传统的思想政治教学主要是由老师单边教学，老师说，学生听、学习，学生对老师所说的知识进行消极的吸收。但在大数据和信息化的社会中，由于学生可以按照自己的需求进行数据挖掘和分析，产生自己的认识，从而造成教师和学生的认识不同。由于海量的知识可以让每个人都可以在最短的时间内获得知识，所以在获得知识的过程中，他们往往会比老师更早、更全面，并且在获得知识的过程中，更倾向于搜集对自己有利的知识，从而会对教师的价值观产生不良的影响。大数据具有开放、多元化、便捷的特点，使老师能够在闲暇时进行教学，而不能独立于老师的独立思考，从而使其难以长期地进行思想政治工作，使其发挥的主导作用大大减弱，进而对其进行思想政治工作的实效产生不利的作用。

二、大数据时代高校教育模式创新途径

（一）树立大数据意识，提高思想政治教育新意识

截至 2016 年底全球互联网用户已经达到 35 亿，相当于全球人口的 47%，而我国的网民已经达到了 7.21 亿，移动网民数量也达到了 5.27 亿，这些数据都表明了互联网信息在我们生活中随处可见。大数据时代的到来，让信息传播更加快速，信息覆盖面也越来越广，同时信息管控难度也越来越大，大学生思想政治教育应该适应大数据，树立大数据意识，才能够提高有效性。在大数据环境下，大学生思想政治教育工作者应该具备数据信息的敏

感性，对于能够提升大学生价值取向与精神风貌的内容要多加收集，挖掘出这些信息的规律，并且进行有效的利用，以提升大学生思想政治教育的有效性。在进行思想政治教育工作时，不要局限于传统教学方法，要不断改进和创新，从众多数据中发现关联性，从宏观上进行整体把控，及时掌握学生的思想动态变化，根据学生的实际情况与思想政治需求进行针对性的教育，从而提高思想政治教育的有效性，提高学生思想政治的正确价值观念。

分析大数据，开拓思想政治教育途径。思想政治教育就是思想信息的交流，借助语言、文字、行为等来进行传递正确的思想动态。大数据时代下，教师通过收集学生查阅、分享、制作的数据，科学地分析这些数据，初步掌握学生的思想变化，为思想政治教育工作提供一定的参考数据。学生的思想变化是复杂的，所以大学生思想政治教育工作者要借助大数据开放、便捷、共享的特点，多渠道收集不同学科、不同学习资源的信息，多角度地对数据进行分析，以便更加全面地掌握学生的思想动态。大数据的到来，让思想政治教育工作者可以在不同空间、随时随地进行思想政治教育，教师可以根据不同的场合采用不同的教育方法，让学生接受思想政治教育。比如平时，可以利用微信、QQ等网络沟通工具与学生交流，与学生做朋友，再根据情况有针对性的、隐蔽的开展教育工作。大学生思想政治教育还要做好预防工作，教师可以根据大数据传播速度快、信息覆盖面广等特点，主动创作一些有利信息，让更多的学生能够接受思想政治教育。

结合大数据特点，创新思想政治教育有效机制。大数据是开放的，信息可以共享，所以要做好信息保密工作，减少个人信息的泄露。思想政治教育工作者在对学生的思想动态收集、分析工作时，也要解决信息安全问题，保护学生的个人隐私，提高学生信息、个人隐私保护力度。大数据时代下，对思想政治教育专业人才要求也越来越高，所以高校还应该做好专业人才的培养工作，提升思想政治教育工作效率。一方面可以对现有的教师队伍进行培训，树立大数据意识，运用大数据技术提升思想政治教育效果，另一方面也可以引进专业人才，提高思想政治教育队伍的综合素质水平。

创建大学生思想政治教育大数据队伍，构建高校思想政治教学辅助系统。要想实现大数据的导入、问题分析以及实际运用，关键是要靠专业性队伍。传统的课堂是以教师知识传授，以考试成绩作为学生评价标准的形式，而大数据是通过动态性与过程性的综合评价指标，通过学生综合素质能力测评、社会热点评述、网络小论文等各方面来综合评判，更加全面地体现了大学生思想政治教育的教学目标，所以创建一支大学生思想政治教育大数据收集、分析、教育队伍，是尤为重要的。大数据收集队伍主要负责数据平台的建设以及动态搜集工作，通过数据来挖掘出学生比较关注的热点，自动生成大数据结果表；大数据分析队伍主要由有计算机经验的教师组成，根据需求能够运用计算机算法及公式来分析不同大数据信息的相互关联性；而教育队伍则由思想政治教育教师组成，通过大数据分析结果，及时地进行问题跟踪与处理。通过大数据分析后呈现出来的问题，可以通过开放式的互联网资源寻找相关资料，让思想政治教育有前瞻性，能够分析学生思想政治教育存在的问题，有针对性地进行课堂教学，不仅能够提升学生的思想政治综合素质，也能够提升教师自身的思想政治教育理论，及时地给学生关注的问题进行指导与解答，从而构建起"技术—分析—教育"于一体的大学生思想政治教育辅助系统。

大数据时代给大学生思想政治教育带来了新的挑战，但是也是一个机遇，只要掌握大数据的特点，树立大数据意识、分析大数据、结合大数据特点来创新大学生思想政治教育方式，就能提高教学有效性。当然，大数据时代下大学生思想政治教育不是一个人的事，需要靠不同专长的教师共同努力，才能全面提升大学生思想政治教育水平。

第六节　学习共同体视域下大学生思想政治教育模式

在当前的社会和经济发展背景下，高校德育工作也在进行着积极的探索，而大学生的思想政治教育则是当前教育领域的一个重大问题。在经济快速发展的今天，我们对具有创造性和实际应用的高层次人才的需求也越来越大。目前，许多大学都在开展思想政治工作，并且取得了一定的成效，而把"学习社区"运用到大学生的思想政治工作中，是一种具有传统教学方法无法替代的创新性教学方法。

一、学习共同体的概述

"共同体"与"实践社区"是紧密联系在一起的结果。学习共同体是将师生联系起来，在同一学习环境下，通过活动、参与、反思、对话、合作解决等各种形式，形成一种独特的、充满活力的文化氛围的组织。在这个社会里，师生可以在一个共同的学习过程中进行全面的交流，并通过相互的知识、情感、思想等来促进知识、情感、思想的相互学习和创造。通过这种合作，师生的互动将使师生的关系更为融洽，在交流中，获得了更多的知识与乐趣。可以说，"学习社区"既是一种学习的组织手段，也是一种增进人际关系的有效手段，是一种对人类进行科学教育的一种有效手段。在这种学习团体的组织形式中，师生双方处于一种"等值"的状态下，既能促进知识的传递，又能促进师生的感情。

二、学习共同体的基本特征

学习共同体主要具有三个方面的基本特征：

（一）学习共同体有共同的学习目标

在建立一个共同的学习目的的前提下，建立一个共同的学习对象，这样，它的功能就会得到充分的体现。学习团体是一种基于学习目的的学习形式，它可以通过班级、小组、学习等形式实现。同时，在学习团体中，学习团体的组织结构也是分层进行的，这种分层结构具有很强的延展性。这个部分所探讨的研究团体，是指以课堂或团体等方式进行的一种教学方式。在以学习团体为核心的课堂教学中，师生们的学习目的是一致的，他们会围绕某个问题展开讨论，也会围绕某个问题展开激烈的争论，在这个过程中，师生可以发挥出不同的效果，发挥各自的优点。在同一学习目的下，群体相互依存、相互影响，形成一个整体。同一研究目的对于个人和团体来说都是有益的。第一，这种共同的学习目的可以使个人产生一种强大的归属和激励，从而推动个人的持续发展；第二，共享的学习目的可以为组织内个人的能力创造一个平台，每个人都可以通过这个平台来促进自己的学习。

（二）学习共同体重视个体之间沟通的顺利和相互尊重

在这种教学模式下，师生可以互相交流，在一个特定的环境中进行思维和判断，从而达到对知识的认识和掌握。在学习社区中，互动的两个主要对象是老师与全体同学，注重师生的互惠。在这个研究团体中，学习对象不仅要互相教育、互相改造，而且要在一个共同的主题下彼此协作、交流，形成"你""我"、师生之间的协作关系。在这种新的关系架构下，学生不仅要从被动地接受老师的教导，而且要主动地投入到知识的学习和探究之中，同时，老师也从原来的"教学"变成了对学生的思维和学习的指导。

（三）学习共同体帮助师生共同成长

上面已经说到，以学习共同体为学习组织形式的课程教学，教师和学生是一个对等的动态关系。首先，其教学内容不再只是重视对知识的传授，而是引导学生自主的学习，而教师从中起到引导的作用。另外，在教学中教师也不再只是教学的主导者，教师不仅可以扮演知识传授的角色，也可以扮演学习交流中的参与者，有时候甚至是被教育的人员，同时，学生在接受教师教育的时候，也可以成为教育教师的人员。在借助于学习共同体的组织教学下，学生和教师是学习双主体，对学习有着同等的权利和责任，教师和学生相互合作，彼此相互交流，通过一系列的共同活动实现知识的交互、情感的交流，最大程度上发挥出彼此的优势和作用，并且使自己和对方的知识变得更加的丰富，从而达到更好的学习效果。

三、学习共同体在大学生思想政治教育中的作用

学习团体是高校德育工作的一种有效方式，它在高校德育工作中起到了积极的促进作用。

提高教育质量的最好方法是建立学生的"学习社区"。在大学开展的过程中，把"学习社区"融入学校的"课堂"之中，是提高"课堂"效果的有效途径。在大学的教学过程中，大学生的思想政治工作相对于其他的学科来说具有一定的特殊性，它的作用并不只是在于教授学生知识，而是要指导他

们建立起正确的世界观、人生观、价值观。大学的德育工作主要是培养学生学习马克思主义理论和社会主义核心价值观，培养学生发现问题、分析问题、解决问题的能力。大学生的思想观念需要养成合理的思维习惯，需要有一定的感情上的共振。在学习团体的教学中，学校将采取团体合作的方式进行，在确定了学习的目的后，同学们可以更主动地参与学习、讨论，主动学习、主动思考，从而使他们的学习水平大大提高。师生可以通过互相的交流与互动，互相影响，从而使他们更好地了解和掌握新的知识，形成对思想政治教育的科学价值观念。

提高教育的针对性和有效性，建立"学习社区"是提高教育质量的一个主要途径。学生与教师之间的交流是教师了解学生、学生认同教师的一个重要条件。举例来说，美国杰出的教育学家约翰·杜威在其著作《民主主义与教育》中写道：共同体和交流并非只是文字上的关联，而是由于共同的事物，人类共同居住在一个社会中；只有交流才能使他们拥有一种共有的事物。在大学的教学过程中，老师的任务很多，老师既要对教材的使用情况有所认识，又要对教学目标、教学内容、教学任务等都有一个清晰的认识。同时，还要深入了解学生的思想、了解学生关注的问题、了解学生掌握的知识、了解学生的心理，从而使老师与学生之间的关系更加密切。只有在这个前提下，老师们才能在课堂上进行教学，使他们能够更好地发挥自己的作用，从而达到培养和提高学生积极性的目的。在教学过程中，老师要从学生已有的知识基础出发，建立新的、旧的知识之间的联系，以旧的知识作为出发点，以激发式的思维方法，培养新的思维习惯，主动地掌握新的知识，主动地纠正自己的错误，从而使自己的学习更有价值。

在现代社会中，"学习社区"是解决"考试"问题的一个主要途径。在传统的教学模式中，老师注重学习的结果和分数，采用的是"灌输式"的教学方法，这种教学模式存在诸多缺陷，既束缚了学生的个性，又制约了他们的发展，而学习团体则是对传统的教育模式的一种回击。在师生的交流中，使他们更加了解自己，学会理解他人、学会与他人交流，启发自己的思考能力，形成批判思考的思维模式，增强思维的创造性。把学习团体运用到大学的德育工作中，对于提高大学生的学习能力、交际能力、实践能力和创造力都有很大的促进作用，对于培养社会主义合格的接班人具有十分重大的意义。

四、学习共同体视域下大学生思想政治教育模式的策略

建立一个和谐的老师与学生之间的关系。运用"学习团体"的方式进行大学生的思想政治工作，必须建立良好的人际交往。在这种环境下，师生双方充分地信赖这种教学环境，是师生相互交流、相互了解的地方。师生关系中，唯有保持融洽的气氛，学生的学业压力才会减轻，学生才有心灵的归宿，从而使他们认识到自己的理想，积极地参加到学业中来，一起为实现自己的学业目的而奋斗。要建立良好的师生关系，必须重新审视当前的师生关系，要坚持"以人为本"，注重学生的学习、爱护学生、尊重学生、发现学生的潜力，充分发挥学生的优点、及时激励学生，不苛求学生，宽容学生的短处。其次，要对学生的相互影响进行反思，要使他们学会如何有效地培养学生的竞争观念，消除他们的不正当竞争，使他们充分了解到，没有语言的交流是不够的，只有把自己的研究成果与他人共享，才能使他们产生真正的感情和相互的知识。

建立一个与之相关的交流平台。每个同学都在努力，这不是一个团体，不是个人的努力，而是同学们的协作。研究社区是一个相互合作、交流情感

和知识分享的过程。在教学过程中，要充分发挥学生主动参加和交流的能力，营造良好的交流环境。首先，老师要根据思想政治课程的教学目标，为他们提供一些有趣的主题和问题，这样，他们就会积极地参加到课堂上的研讨中来，这样他们就会形成一种合作关系，从而扩大知识的传播，提高他们的学习效率。其次，教师是教育活动的组织者，必须深入了解学生的心理特征和学习根基，并对他们的问题进行恰当的提问，从而检验他们的学习水平。

为学生创造一个良好的学习环境。大学的思想政治教育，是以问题为导向，以共同的方式，以小组为单位，共同探讨、交流，让同学们真正体会到"学"是一种幸福。在学习团体的基础上，加强学生的协作和相互赏识，是高校德育工作中的一个重点。为此，大学的德育工作必须为学生创造一个学习环境，让学生相互学习、相互欣赏、共同学习。其次，在学习团体模式下，老师要在课堂上加强团队活动，使每个人都有一种归属感和自豪感。最后，要加强对学生包容的教育，因为在一个学习团体中，每个人的思维层次、知识层次都不尽相同，知识的源头与背景也不尽相同，因此，我们不能将知识分为三六九等，而是要让同学们自由地在一起探讨问题。

总之，在持续地对大学的学习社区进行了深入的调查后，我们可以看到，在实践中，学生们不仅可以体验到自己的正面价值，还可以引起他们对学习的热情，让他们在学习中不断地自我发展，感受到自己的存在，找到自己的人生道路和价值。

第七节　高校共青团思想政治教育工作模式

　　高校团组织是党委、行政连接广大青年学生的桥梁和纽带，在思想政治教育中担当着独特的角色，发挥着积极的作用。团干部要深刻领会中共中央16号、中办发59号等文件精神，努力探索共青团新的工作模式，促进大学生思想政治教育的创新与发展。本节紧密结合实践成果，就新时期高校共青团在大学生思想政治教育中面临的新挑战、探索的新模式和取得的新成效进行了深入阐述。

一、高校共青团思想政治教育工作的新挑战

　　新时代高校毕业生就业的新特征。总的来说，当代的大学生对祖国有自己独特的共同理念，支持中国共产党的领导、支持党的政策，关注改革和发展的各种措施，坚定了中国梦想的信念。学生思维敏捷、爱好广泛，参与各类实践，注重个人职业发展和个人价值的追求；密切注意当前和未来的发展。然而，有的学生，有一定的政治信仰迷茫、理想信念模糊、价值取向扭曲、诚信意识淡薄、社会责任感缺失、艰苦奋斗精神淡薄、团结协作意识差、心理素质差等问题。

　　与其他社会团体相比，当代的高校毕业生群体有着明显的特征。一是群体规模大、数量大；据《2014年国民经济和社会发展统计公报》，全国在校研究生184.8万人，在校本专科学生2547.7万人，在校学生共计2732.5万人。二是"90后"群体中，以"独生子女"为主。他们是在改革开放时期长大的，

在社会主义市场经济的发展过程中，由于社会经济发展速度很快，他们的思想观念也发生了变化。三是接受的是正规教育，具有正面、健康的价值观。

国际和国内的新情况给我们提出了新的要求。在过去的三十年里，处于解放思想、与时俱进、勇于创新的时代背景下，人民思想活动的独立性、活跃性、选择性、多向性都得到了加强。这种潜意识的社会氛围对大学生的独立、成才、创造意识都是有益的，但同时也存在着消极的影响。在现代科学技术飞速发展的今天，人们通过网络、微博、微信、QQ等即时通信手段进行信息的传递和交流，使得当代大学生的世界观、人生观、价值观等都表现出了多样化的趋势。当今是社会转型时期，大学生的思想受到了多种新的文化思想和价值观念的影响。"80后"和"90后"多是"独生子女"，其特殊的生活条件决定了其"自我为本"、自我管理能力差、抗挫折能力差、自我期望值高、学习生活条件差等特点。个别同学有思想迷茫、精神懈怠、理想缺失、集体观念淡漠、责任心差等问题。

高校团委的局限给高校团委提出了新的要求。在当代社会飞速发展的今天，许多青年对工作的要求越来越多，但是一些共青团的工作模式和方法却没有摆脱计划经济的制约。例如，习惯性地按照表面的状况做计划，而不是很仔细地去做问题的处理；养成了从上到下的指示式工作安排，到基层开展分级指导的程度不高；长期以来，人们对"号召型"和"活动型"的工作方法缺乏深入、细致的认识。在新的形势下，一些大学生的共青团工作仍然停留在原来的传统形式上，与时代实际脱节，其具体体现为：大学生的网上思想政治工作已不能适应互联网的飞速发展；高校学生的思想政治工作措施缺乏系统性、连贯性、目的性；在我国，学术研究存在着缺乏深入的研究和实践的问题。

　　高校思想政治课的课程设置与经济、社会发展的不适应，给学生提出了新的要求。高校思政课是高校思想政治工作的主渠道和主阵地，其核心内容是理论与实践相结合的基本原理。但现实生活中，很多大学都有一定的理论与现实脱节的现象，使思想政治教育成为纯粹的理论性条条，成了一种虚伪的说教。从教学的内容上，一是有些内容与高中的课程重叠，在大学生眼中，思政课是一种"炒冷饭"，没有足够的魅力；二是不同学科的教学有很多的交叉，有些同学觉得即使学了好几个科目，也只是在重复，无法激发他们的学习积极性；三是课程内容的更新缓慢，始终落后于实际，缺少时代感和超前性，对学生的学习没有什么吸引力；四是随着课程的持续融合，新的课程内容较多，课程时间有限，部分内容难以铺陈，以至于与现实社会、市场经济脱节，难以被学生所理解、所接纳，以致未能取得应有的效果。

二、高校共青团思想政治教育工作的新模式

　　深入开展党的理论教育，用科学的理论武器武装自己，要坚持系统的理论，强化党的政治工作。在理论教育中，应注重加强思想政治教育，并以多种方式开展专题教育。一是要把"团组织"和"中办59号"文件的要求有机统一起来，积极开展爱国主义、集体主义和社会主义思想道德建设，积极践行社会主义核心价值观念，增强了思想政治工作的思想性和适用性。二是要坚持"以党为本"，强化"以党为本"。首先，必须在党的工作中，真正地加强党的组织。各级党委要加强对团工作的重视，要经常开会、讨论和处理好团委工作中的重大问题。其次要对党的工作进行系统的规范化，确保它在正常轨道上的良性发展。三是要把"三严三实"主题教育活动和党员思想教育活动有机地联系在一起，进一步加强党的建设。要充分发挥共青团的主

体性和创造力。"人民是历史的缔造者。"在所有工作中，要充分利用基层团组织的创造力，让他们自由活动、勇于创新、积极寻找工作方法。要注重学生的主体性，使学生的积极性得到最大程度的提高。

目前，我国的高校思想政治教育越来越注重基础知识和理论知识的传授，但是实践教学的开展和学生的亲身经历却远远不足。要在实践中开展专业实践、课程实践、生产实践和社会实践活动，开展社团活动和青年志愿者活动，让大学生在实践中认识社会、体会改革的成果，增强实践能力、增强专业技能、增强"三个自信"。青年志愿服务是当代大学生弘扬中华优秀文化、弘扬民族精神、时代精神和红色精神的具体表现。青少年志愿服务是促进学生思想品德教育、行为规范的形成。比如，我所工作的共青团，根据广州的社会、经济发展，举办了"服务亚运会""服务广交会""阳光育苗"等活动，服务了社区，获得了良好的社会效果和认可，也使学生得到锻炼。

构建积极、健康的学校文化，用优秀的文化来塑造学生：积极营造良好的校园文化，营造良好的教育氛围，是培育"四有"人才的必然选择。大学共青团可以开展学生喜爱的、富有特色的校园文化，进一步弘扬和培育大学精神，形成健康、文明、向上的校园文化环境，积极营造校园学术气氛。作者的团支部十分注重营造温馨、充满人文关怀的气氛。例如，仲恺香凝文化节，让同学们形成"健身为先"的观念，开展"走出校门、走出宿舍、走向操场"等多种形式的校外运动，为培养大学生的综合素质提供了有利的外在环境。

大力推进高校学生自主创业，用高质量的工作来激发人才。近几年，高校毕业生的求职困难问题日益突出。青年学生在解决"三农"问题时，应根据现实情况，充分利用自己的特长，积极参加劳动竞赛、思想观念转变等。在高校中，应采取各种形式的教学实习，促进其形成良好的就业观念和职业观念；利用大学生职业发展协会、农工教育发展协会等各种形式的大学生职业生涯规划大赛，为大学生四年的学业生涯规划提供良好的环境；要大力发展各种"实习基地"，为学生提供实习的机会，增强他们的就业能力。

加强网络意识形态的作用，以"以网络为本"培育人，十八大提出："要加强和完善网络内容，把网上的主题歌曲唱出来。强化社会治理，促进互联网的正常运转。"截至2015年6月，中国有6.68亿互联网用户，团组织是党群的重要成员和后备力量，首先，必须强化组织体系，构建网络监督引导机制，抓好基层团组织、社团组织、专业班级网页内容审核工作，抓好校园网络进、出内容审核工作；其次，要建立"红色"网站、微博、微信等网站，把"红色"的主题歌曲唱好，用积极的形式丰富和传播积极的力量；最后，加强团组织的影响力，利用自己的"红色"网站、微信公众号、微博发布教学活动、校园生活等方面的动态，对社会上的重大新闻进行积极的引导，做到知识性、思想性、趣味性，把"红色"网站、微博、微信的影响力发挥到极致。

积极为"弱势群体"提供温暖的关爱，也就是有经济困难、学习困难、心理问题、情感问题、身体问题、家庭问题等方面的困难的人群，都要做到尽善尽美。目前，由于党和政府及社会各界人士的关心和资助，贫困学生的困境正在逐步改善。同时，也可以靠自己的力量，在勤工助学中战胜各种困境。青年团员要关注和关爱他们，不仅要结交他们，而且要在物质和心理上支持他们，以增强他们"克服困难"的信念；同时，要建立健全长期救助机制和对"弱势群体"的追踪和管理体系。

三、共青团组织在服务大学生成长成才中增强了整体活力

加强学生的思想政治工作。共青团工作要把思想问题和现实问题联系起来，注重开展社会实践活动，培养和发展大学生。在实际工作中，与同学进行平等的沟通，有利于了解大学生的心理活动，了解他们的思想动向，有针对性地进行教育。高校思想政治工作的开展会更加积极主动，更加注重思想政治工作的实效。

深受年轻学子信赖。青年组织、引导青年、服务青年、维护青年权益是青年工作的根本职责。青年团员要想获得同学的信赖，就要树立自己的形象，加强自己的凝聚力。由于社会和经济的发展，当前高校的学风比较实际，重视实际工作、重视学习效果。他们更愿意参与到社会中去，通过实际的行动来证实和获得成果。通过创新工作方式，充分利用自己的特长，开展多姿多彩的实践，积极组织学生进行理论研究，指导大学生树立正确的社会主义核心价值观、为学生提供良好的教育和服务，也能获得广大群众的信赖。

加强青年团员的团结。要健全和改进团委工作制度，要强化各方面的联系，多听取各方面的意见和建议，使全体成员都能参加到工作中来。要充分认识每位青年的个性和特长，做到"人尽其才"和"知人善任"，让"英雄"有"用武之地"。要注意引导大学生正确理解个人与集体、个人与社会的关系，正确地把握个人利益与集体利益、个人利益与社会利益之间的关系，促使全体团员树立起正确的集体价值观念，加强团组织的凝聚力。通过对高校党建工作方式的改革，使共青团工作更加高效。

加强了高校团组织的工作力度。在发挥其作用的同时，学校团组织还积极与社会各界联系，积极发动广大团员青年，以"社会化"工作形式拓展其

工作的影响。帮助"弱势群体"学生，为学生寻找和提供勤工俭学的工作机会；在为毕业生提供就业和创业方面，与企业建立"职业实习基地"，并安排毕业生到全国范围内实习；在网上进行思想政治宣传的同时，要利用"红色"网站、微信公众号、官微等途径，加强对大学生的思想政治教育；实行团委民主管理，建立民主管理和监督制度，让全体党员参加工作，增强民主观念，提高参政议政的水平。以上种种表现，使共青团的力量在无形之中得到了扩展。

第八节 大学生思想政治教育的"学校—教师—学生"互动模式

思想政治教育的主体间性转向研究是思想政治教育前沿课题之一。它在传统的基础上进行现代化的改造，它的重建与超越，也就是从单一的主体性到互动的主体性。虽然学者们对"主体—客体"关系向"主体—主体"关系转换仍然存在着争论，但关于"人—人"之间的"平等"与"主—主"的关系已经成为一种普遍的认识。但是，从实践层面上分析，与传统的"主客"相比，教师与学生的相互交流与互动关系对学生的作用并不明显，这为深入研究主体间性思想政治教育提出了要求。

一、大学生思想政治教育系统中的主体

在政治教育中，主体和客体的相互联系体现在主体和客体的相互影响。它的基本原理是马克思对人的本性所作的论述。马克思曾说过："人类的本性并非是单一个体内在的抽象化。就现实而言，这是所有的社会联系的集合。"

从这个意义上说，人是现实的、活生生的、具体的人，是一种社会性的活动。只有在这种实践中，人才能将自己之外的所有事物都转化为自己的行为，从而形成自己的"客体"，产生了"主"和"物"两大哲学概念。在人类的行动中，人是主动的、占主导地位的，是自己的行为的发动者、组织者和承载者。人的行为是客观的，事物是客观的，而客观的、消极的、次要的、不依赖的、不能由主观因素所决定的主、物是一种对立性的关系，它是一种以主体性为中心、以其实际行动为依据的一种有意识的、相互矛盾的联系。它的统一性在于：主体性吸收了对象，满足了主体性的需求，而客体性则通过自我的转化而上升至新的层次。马克思指出，人类的主要能力来源于人类的实际行动，而人类的主观能动性也是由其本质所支配的。

高校德育工作的特殊性决定了高校、教师、学生三者都是高校德育工作的重要组成部分。高校德育工作是指在特定的社会需求下，通过有针对性地对受教育者进行思想和政治品质的塑造。这是一个由外在因素对受教育者产生的正面的影响过程，同时也是一个人和被教育人共同参与和互动的过程。这种转变的原因有三：一是教师自身的意识作用。它包含了个人或团体的直接或间接的影响力，如学校教师、家长及其他团体的心理政策工作者。二是由于自然的社会和环境的作用。高校是高校德育工作的重要组成部分。三是层面是接受教育的人的意识作用。接受教育的人对自己的教育目的、教育需求的认识、自我的评判与抉择、自我调整、自我修养的认识和发展社会伦理的自主性、能动性和创造力。在接受教育的过程中，不能正确认识教学的内涵、不能与教师进行有效的沟通、不能与教师进行有效的合作，将会严重地制约学生的学习效率。在实践中，以上三个环节是相互关联的。

但是，没有了外部的环境，就无法实现思想政治教育。在高校思想政治工作中，校园对思想品德形成和发展起着重要作用。为学生创造了良好的社会、政治、经济、文化等社会环境。学校、教师和学生都处于同等的位置，没有学校和教师，学生也不可能成为学生。学校、教师和学生都自觉地根据自己的发展需求来改变自己的教学行为，从而实现自我的更新和提高。因而，作为组织形式的高校，教育工作者与受教育人是大学生的主要群体。

大学主体性的思想政治教育既不否认马克思的主、物的联系，也符合了"人的社会""社会的人"这一马克思主义理念。思想政治教育不仅仅是简单地传授思想观念、政治观点和理论准则的知识，更是一种具有历史文化特征的交际行为。高校学生的思想政治教育是在教师与学生主体间进行的，如果没有教师与学生的互动，就无法进行学生的思想政治教育。学校、教师、学生在交际过程中都具有主动性、自主性和创造力。大学生的思想政治素养的生成，不仅是大学生自身的内在矛盾和外部因素的交互作用，还是教师、学校、学生三者在此基础上建立起一种互相依赖、互相制约的交流与交互关系。

二、"学校—教师—学生"的互动模式

人们在真实世界里就是以某种社会联系为基础的人。由于处在不同的社会环境中，不同的群体利益、思想和情感都有不同的表现，从而形成了不同的个体和群体。学校、教师和学生是大学生思想政治教育的主体，由于其在社会上的身份和地位的差异，他们的发展需求也是各不相同的。这一互动的进程是基于三个方面的"公平"的相互影响，实现双赢。

作为一个知识传授、培养人才、创造知识的机构，是一种以促进师生与学校的和谐发展为目标的教育机构。它以多种规则来控制和规范教学活动，

以形成教育的氛围，从而促进师生的健康发展。由于人们的个性是由于环境而产生的，因此，我们就应该把它改造成一个符合人类本性的社会。学生与学校、教师之间的关系，影响着学校、教师和学生的发展。从学校的观点来考虑，要实现以人为中心，从教师的发展，从学生的心理素质的培养，转变重权力、重机构的经营理念，转变为一种具有生机的生物。所以，在师生交往中，我们既要给师生建立一个良好的交流环境，又要尊重师生的意见，并能在师生间的交往中不断成长。

教师是高校办学的主体，其发展的根本与保证是其自身的发展。在高校大学生的思想政治教育中，教师的职业素质与个人魅力发挥着重要的影响。在教学过程中，师生的互动关系会对教师的职业发展产生重要的影响。特别是在当今的多元化社会中，学生还处在世界观、人生观、价值观等方面的成长阶段，在教学实践中，教师的经验、认知能力和思想方法起着举足轻重的作用。它要求老师积极地投身于学校的创建，担负起完善校园的建设任务，并与同学们进行沟通、交流，根据他们的需求和特征，不断地充实和发展自己的课程，不断地创新和改进自己的教学方式。

大学生作为被教育者处于思想政治教育中，一方面，他们是一个具有自主性、能动性和创造力的人；另一方面，学生的知、情、意、行与时代发展、个体发展需求之间还有一定的距离。在实施学生的思想政治教育中，学校、教师和学生三者是互相作用的，教师对学生产生了一定的作用。通过交流，学校的规章、制度和文化以及老师的思想品德和政治素质被传达给了学生，通过判断、吸收、拒绝或反抗，进而对学校的教育、校园文化、校园气氛、老师的情感等多个层面产生了一定的作用。学校、教师和学生主体在这一过程中都需要不断地发展和提高。交际互动模型要求教师对自己的言行进行自我反省，及时做出相应的调节，根据学生的身体和心理发展的规律和特征，进行针对性的教学。

三、"学校—教师—学生"间良性互动的实现途径

主观意识的德育工作强调德育中的"教化"，其后果是过于重视"主体性"和"主观能动性"，而忽略了"主体性"的培养。过度重视老师的主导性和权威，从而导致了一种普适的教育方式，即"填鸭式"和"消极"的接收。与传统的思想政治教育相比，"主体性"的思想政治教育提倡在现实社会人与人的交流中，在教学、工作、研究等活动中，自觉地接受教育者的思想、道德，并在自我的矛盾中产生正确的思想和伦理。受教育者的道德观念在交流过程中逐渐成形，在实践中得以体现和验证。高校师生之间的有效交流是高校师生之间的一种良性的交互作用。

在高校中，师生积极的交往体现了教师与学生的相互独立与平等，基于这种关系，教师与学生的平等交流是教师与学生的良好交往的先决条件。在此基础上，双方的相互了解与反省，使双方的思维相互冲撞、真诚交流、激励与推动，实现了双方的共同发展。学校、教师、学生三者之间是平等共生关系，没有霸权、支配、中心的关系，而是民主平等的关系。教育体制的制定不是为了追逐不同的等级和政策制定者的成就，也不是对师生的控制，而要以教师自身发展的需求为目的，以学生的思维与学问的发展为目的，将行政的决定转变为广泛的征询师生意见的民主决策。老师们从不埋怨校方的思考不全面，也由此检讨自己的短处，在教育实践中扩展了民主与公平的理念，并充分地尊重了同学们的观点和利益。同时，他们也不会埋怨学校缺乏学术气氛、缺乏大学文化，以及与老师们无法跨越的隔阂。学校，老师和学生一起，

在思想和灵性层面上进行重构，以达到积极的效果和发展。

高校学生的思想政治教育是以适应个体与社会发展需求为目的的一项重要的社会性活动。教师与学生的交互作用不仅体现了自身的发展，也体现在了整个社会发展的进程中。在新形势、新问题、新需求的背景下，教师必须不断地从新的教学理念中汲取新的知识，以适应新时期的发展需要，而教育方式的革新就是培养老师与学生之间的良性交流的重要途径。社会主义市场经济、信息网络化、知识经济和全球化的需要，对个体的发展提出了多元化的需求，教育工作者要从整体上审视、反思、理性地调整教育内容，使之能更好地满足被教育者的主体和发展的需要。当今世界，大学生的各层面都有了很大的改变，他们经常与传媒打交道，接受的信息迅速，思维也比较前卫，经常用批判的眼光看待时代和社会的变迁，对教育的内容和方式提出了新的需求。在这样的情况下，传统的、说教式的传授，不但效果不好，还会招致学习者的反感。教学应该充分体现时代性、发展性的教育内容，配合现代化的教育方法，才能适应时代的需要。

在实践中，教师与学生交互作用的产生、表现和发展。大学生的思想政治教育不仅仅是指在教室里进行的，因为在课堂上进行的"交互式"，仅仅是对学生进行道德、政治理解的一部分。把学校实习与教室实习相结合，能促进教师与学生的良好关系。在学校开展的以思想品德、政治为主题的演讲、竞赛、辩论等形式的校园文化，组织参观、调研、参与公益事业等社会实践，学生自发参与的学生会和各类学校社团等，是学生参与的主要环节，是受教育者对教育内容的反馈，也是推动受教育者自身教育的催化剂。通过实际操作，可以优化大学的教学氛围，尤其是校园的人文氛围。知道怎样的活动才能使大学生的价值观念得以确立，怎样的教育情境才能使他们发展、才能培育他们的主观能动性。通过多种形式的实践，使学生能够对课堂的内容进行自觉的反思，从而使其转变为思想政治教育的内涵。大学生的思想品德必须在实践中得到体现，从而形成优良的思想品德，形成优良的行为习惯，进而转化为学校的文化和精神。

第三章 高校思想政治理论课教学方法研究

第一节 高校思想政治理论课实践教学模式

加强实践教学就是加强学生的素质教育，是增强学生学习能力的有效途径；针对当前大学生的实践教学中的问题，提出了加强实践教学的思路。

实践教学是大学德育课程的一个主要环节，是以增强学生主体的参与和感悟为核心，使其成为"知""行""信"的统一。按照（教社政〔2005〕5号文件）关于强化和改善思想政治理论课工作的部署，高等学校把强化实践教学作为改革的主要途径，探索和创新思想政治理论课实践教学体制，是当前高等学校提高思想政治理论课教学质量的重要任务，同时也是广大思想政治理论课教师必须深入研究的重要课题。

一、高校开展思想政治理论课实践教学的重要意义

（一）实践教学为培养大学生自我教育能力提供了平台和载体

苏联教育工作者苏霍姆林斯基曾经说过："只有能够提升一个人的学习能力的教学，才是一个真正的教学。""思想政治教育实际上是一个外在因

素和一个内在因素的影响，它是一个让学生在实际工作中，通过自己的教育，让他们在自己的教育中，不断地进行着思想上的碰撞。"人的社会化是一个终生的进程，大学生最终都要脱离学校，脱离老师，而通过自身的教育，他们就可以更好地适应社会。这是接受教育最根本的目的。只有通过培养自己的学习，培养自己的潜能，在从事工作之后，才能够不断地提升自己，从而达到更高的社会要求。高校的各种实践性的教学活动是大学生提高自身素质的最佳途径。

（二）实践教学有利于大学生更好地将理论与实际相结合

在大学生的思想政治教育中，学生的实习行为具有十分重要的意义。通过参加实习教学，使学生逐步掌握了"三观"，即世界观、人生观和价值观。陶行知说："如果不以生命为核心，那就是死亡；如果没有生命作为核心，那就是一所死亡的大学；没有生命为核心的书籍就是一堆死物。"要使大学的思想政治理论具有鲜明的时代精神和现实性，使其与现实紧密联系，就需要通过实践教育，使他们在实践中接触客观事实、认识客观事实、感受客观事实，逐步地学生就会对思想政治理论有更深刻的理解，最终思想政治理论内容被学生自然接受。

（三）实践教学有利于加深大学生对社会和国情的了解

实践教学是在理论和信仰形成中的一个关键环节，学生对科学的认识、认同和接受，有时候还必须在实践中进行。大学在实施"实习"教育的过程中，使学生能够走出校园，亲自去工厂、农村等地进行实际操作，使学生在全面认识社会主义现代化的伟大成果的基础上，认识到各种原因导致的不平衡，尤其是农村地区的贫困。使学生学习工人和农民勤劳、淳朴的优良素质，使他们认识到国家的实际情况，提高他们的社会责任感。同时，根据现实生活中的具体条件，引导大学生用马克思主义的基本原理进行正确的分析，以便更好地理解当前的社会问题。通过这种方式，可以让学生在进入社会后，利用自己所学到的知识，进行客观的分析和处理问题，避免盲目地接受现实生活中的各种问题，提高他们的社会适应性。

二、当前思想政治理论课实践教学存在的问题

（一）思想认识不够到位

一是老师对教育的理解还不充分。一些大学的学生对"实践性"的理解有一定的误区和偏颇。笔者以为，思想政治理论课的实训其实就是把学生领进历史博物馆、纪念馆、乡镇工厂，以外出玩乐、放松的心态来进行训练，这种教育方法导致了学生思维上的放任，使其无法实现教学目标，对提高大学生的思想政治理论课的素质起不到应有的作用。二是对大学生的认知不足。有的同学觉得进行实训教学没有任何现实的意义，仅仅是一种临时现象，有的同学则觉得加强专业实习的学习效果会更好。在实际操作中，由于存在着对学生的负面认知，使其在实际操作中处于"被动应对"状态，无法与之有效地合作，使其无法实现理想的教学效果。

（二）组织管理方式不够科学

当前，高校思想政治课的实训教学中，普遍出现了一些问题，如：机构设置不规范、人员不到位、专项经费不足等。这就导致了大多数大学生在实际工作中的选择都是以老师为主，学生在一年内进行一到两次的实习已经非常难得了，而且往往都是老师把实习的工作交给学生去做，或者让学生去做

一份调查研究，而学生如何去、去哪里，则完全是学生自己的事情。有的同学到图书馆查阅资料，有的干脆从网络上下载了很多的研究资料，把自己的研究成果拼在一起。因此，这种做法让学生的社会实践更多的是一种肤浅的工作，很难实现他们的期望。

（三）经费投入不充足

开展实习教学，必须安排好外出考察、做社会调查等相关工作，因此，充分的资金支持是进行实习教学的重要保证。部分大学尚未设置专门的课程资金，也未设置相关的资金管理和运用机制，因此影响到实际操作的实施。当前，高校学生在开展思想政治理论课程的过程中，资金问题一直是制约大学生进行实训的一个重要因素。以湖北省"综合运用大学思想政治理论课程的实训资源"为例，对12所大学进行了调研，发现资金短缺是目前实施"思想政治理论课程实训"的主要原因。为此，高校要不断地加大对学生进行实训的资金投入，以保证学生实习的正常进行。

（四）实践教学基地建设不足

大学生思想政治理论课程应以"以人为本"为核心。要实现思想政治理论课程的有效实施，必须要把各类思想政治教育的资源整合起来，拓宽实习基地，以提高学生的综合素质。当前，一些大学缺乏对思想政治理论课的实训基地的建设，没有充分结合学生的实际情况、学科特点、专业特点和培养目的，本着合作共建、互惠互利的理念，建立了一批相对比较稳固的思想政治理论课实践教学基地，因而在一定程度上限制了思想政治理论课实践教学开展的一贯性和持续性。因此，要按照自己的实际情况，有针对性地、有计划地、有步骤地建设一大批新的"实训基地"，以保证其在实际工作中的实施与发展。

（五）考核评价体系不完善

目前，一些学校在实施思想政治理论课程教学工作中存在着"三缺乏"问题。一是缺少对教师进行评估的机制。当前，高校思想政治理论课的实效性评估方法多以老师为主体，缺少对其进行评估、监督、约束等多种形式的机制，不仅不能提高教师在实际工作中的责任感，而且不能调动思想政治理论课教师开展实践教学的积极性。二是成果评估和流程评估的缺失。一些学校仅仅重视成果评估，仅对学生所做的实习调研进行评估，忽略了实际工作中思想进步、能力提高、素质提高、对社会做出的奉献，从而导致对其实际效果的评估不够客观、全面、不合理。三是质量的评估缺失。培养大学生的世界观、人生观、价值观，需要长期的、全方位的考察和评价。

三、创建行之有效的思想政治理论课实践教学新方法

（一）全新的实践教学理念是先导

置疑，每个学生都必须要有一个固定的学习环境，但是随着时间的推移，这种"教室"的传统也必须有所变化。随着时代的发展日新月异，"大"的课堂观念应运而生。上海教研所顾志跃教授曾经说：我们应该突破传统的课堂教学的时间和空间观念，我们应该从课堂内外的情境和学习活动入手，使他们主动地参与进来，体验这个过程，在感知、体验、内化的基础上，获得相关的情感、态度、价值观和取得能力上的提升，大课堂观是思想政治理论课的实践教学理念，主张将教学从教室内的课堂向校园，或向更为广阔的社会大环境方面拓展，让思想政治理论课教学的课堂延伸到校园和社会，进而从多种角度以不同的方式引导大学生将所学知识转化为服务大众、报效祖国并实现自我价值的现实能力。

（二）健全的组织管理机制是基础

与课堂理论相比较，实习的组织与管理要更加的繁重。实习课程包含了教务科的课程设置、校务工作的确定、财政拨款、后勤的支援与保障，以及场地的联络与确定、学生的训练与评估。所以，在高校思想政治课的教学中，只靠师资队伍的数量，很难把高校的实习工作做好。为了构建和完善学校的组织和运行机制，大学的思想政治理论课程实训教学必须将各种不同的资源结合起来，并运用到实际的教学中去。大学可以尝试设立一套由校党委、政府、学院、学生处、宣传处、团委等部门分工合作的体系，各司其职，在实践教学活动开展之前，将工作任务下达到学校相关部门并将其作为工作业绩年度考核指标之一，以保障思想政治理论课社会实践教学正常开展。

（三）完善的经费管理制度是根本

一些大学的实训教学因缺少专项资金的支撑而逐步向"贵族化"发展。"不用军队、不用粮食。"要保证资金的安全，就必须保证各种实践教学的顺利进行。根据国家有关政策精神，各地应建立专门的实习经费，保证实习教学能够长久、高效地进行。同时，要在资金的管理和利用上，严格遵循批准的流程，从具体的实施方案中选择具有较大教育意义、可行性、社会价值和实效性显著的实训项目，并利用一定的实际资金，实现教育的最佳化。

（四）稳固的实践教学基地是条件

当前，我国大学的实训基地数量不多，功能不明确，实习基地未能充分发挥其在教育中的作用，必须从强化基地的建设入手，对其职能进行再认识和定义。要充分利用实习基地在实践教学中的基本作用，以实习基地为载体，搭建一系列比较稳定的实习基地，从而推动整个实训实习环节的开展。实习基地是社会与学校之间的一种长期密切的联系，从而促进了两者之间的联系。高校要发挥自身的优势，建设一个长期、稳固的校园内外实习基地，让大学生主动参与到实际工作中来，提高他们的学习积极性，为开展持久的实践教学工作奠定基础。

（五）可行的考核评价体系是保障

实习教学评价是否体现了规范性、民主性、公平性和责任性等方面的内容，既与实习教学的实施成效有关，又直接影响到学生对实习教学的认同。为此，应建立一套客观、合理、积极、系统的评价制度，以确保其健康、可持续的发展。实习教学考评制度既包括对学员的考评，也包括对老师的考评。高等学校应建立学生评价和老师评价学生、结果评价和过程评价、定量评价和质性评价相结合的评价制度。实践教育评估体系的实施过程监督要求学生、第三方机构和雇主等多方面的评估方法，做到个人测评与团体测评相结合、惩戒性考评与奖励性考评相结合、课外考评与课内考评相结合、校外考评与校内考评相结合，尤其是通过各方渠道获得的社会对学生的评价情况要在实践教学成绩考评中予以体现。

第二节　高校思想政治理论课教学中的人文情怀

习近平总书记强调，高校的思想政治工作要因事而变、因时而变、因时而新。新时期，要推进思想政治工作，上好思想政治理论课，必须进行改革、创新，运用新手段，探索新模式，解决新问题，更需要"政治要强、情怀要深、思维要新、视野要广、自律要严、人格要正"的思想政治理论课教师。笔者根据自己的教学经验，认为在大学的教学中，要具备三种"人本"的情感。

高校的思想政治理论课是把马克思主义基本原理、中国特点和党的基本理论及党的基本路线、方针、政策等作为主要内容之一，担负着对大学生进行社会主义核心价值观教育、为党和国家培养合格的建设者和接班人的重大使命。然而，在信息化和经济社会转型的背景下，高校"难教"已成为高校思想政治理论课教学的一种由衷的感慨。想要搞好这门课程，必须对其进行深入的思考和探讨。习近平总书记在一次教师座谈会上，指出："做好思想政治理论课关键在教师，关键在发挥教师的积极性、主动性、创造性。思政课教师，要给学生心灵埋下真善美的种子，引导学生扣好人生第一粒扣子。"同时，还提出了"政治要强、情怀要深、思维要新、视野要广、自律要严、人格要正"这六个要素。"要有深厚的感情，要有一种爱国之心，把祖国和民族放在心中，关注时代、关注社会，汲取营养，丰富思想。"笔者认为，无论是习近平"情怀说"还是王国维"三境界说"，都能给广大大学生的思政课教学带来很大的启示。

一、第一种境界：用心投入是思想政治理论课教师做好教学工作的基本要求

自古以来，在这个世界上，不管是谁，不管是什么职业，如果没有全身心地投入，就很难做好工作。北京师大吴玉军教授指出，当前许多人因工作、生活、前途表现出焦虑、浮躁、紧张等不良的情绪，造成社会情绪的起伏，提倡市民要理性平和、积极向上、自尊自信、用心地对待工作，做一行爱一行。

中国女子排球队在 2019 年获得了第 5 届世界杯、第 10 届世界大赛的桂冠，为国家和民族争光。中国女子排球队所获得的荣耀，体现的是"众志成城，艰苦奋斗"精神，他们不怕强敌、敢于拼搏，打出风格和水准，以"团结协作、

顽强拼搏"为根本宗旨，女排精神得到了最好的诠释。中国前女子傅园慧在2016年里约奥运之后对媒体表示："我已经用尽了我的洪荒之力。"她看似是和媒体打闹，实际上却是她的坚韧、拼搏和全身心的奉献。

对工作要认真，要有足够的时间和努力。"我觉得，我们的课程很多，一百三十多个学生，而且都是由不同的学科组成，要维持课堂纪律，保证授课效果，那该怎么办？"这是当前高校思想政治教学面临的重大问题。要想有效地克服这些问题，就要花很多的时间和心思去调查，寻找问题的根源，寻找应对的办法。

本学期，我所带领的一个大班级有一百三十五名学生，其中包括三个班级，分别是社会、运动与广告。教室里的氛围过于"活跃"，却总是一头雾水，教室里的规矩也很糟糕。我决心采用一种特别的方法。首先与班级成员交谈，以掌握班级的具体状况；然后，再和某个同学聊天，找到答案。

"折腾"了一圈，他们才知道"活跃"是因为他们认为哲学（《马克思主义基础理论入门》）的知识实在是太难理解了，为此，我在准备的时候，花费了大量的精力去查找资料、查找视频、查找案例、查找往年考研的试题等等。在教学的过程中，本人力求做到简明扼要；教学方法上，做到案例教学、情景教学、视频教学、实践教学等多种教学方法的灵活应用；同时，通过QQ、微信、博客、论坛、短信、电子邮箱等方式，与同学们进行教学互动，解决问题，进行思想沟通；利用课间和课余时间进行一对一的指导。通过两位教师的不懈努力，课堂氛围轻松活泼，取得了较好的教学成果。

二、第二种境界：真诚沟通是思想政治理论课教师做好教学工作的有效途径

"真"是"真实"和"真情"的表露。教师要把握好学生的情绪生成的

规律性，通过"真情"的教学，逐渐从"以人为本"的情绪内涵向"以人为本"的"理性"层面转变，并注重对学生的情绪历程的体会与领悟，促进其健康、幸福的发展。

想起了华中理工大学李培根院长在本科毕业生大会上发表的一篇名为《记忆》的讲座，总共16分钟，但因为受到了30多次的鼓掌，所以被同学们称为"根叔"。我纳闷，为什么"根叔"的讲话会被学生们这么热情地欢迎呢？为什么这么快就火了？这一切都是因为"真"。在2000多个单词里，你可以看到"俯卧撑""躲猫猫""打酱油""妈叫你回去吃晚饭""被就业""被坚强"等等。"根叔"并没有摆出院士和校长的架子，反而将学习者当成了谈心的对象，这才是真正的"根叔"。一如他的话："各位，或许很难记住这么多。假如要你回忆一个单词，就应该是'被'。我明白，如果你不想被人雇佣，或者被人强迫，那么，请把自己的腰杆和胸脯都挺起来，自己找工作，以更大的勇气，在这个世界上生活。"就是这份真诚，才会让人觉得亲近。

"诚信"是"诚"的意思，是"彼此信任"。思想政治理论教学中，要有"真"，更要有"信"。要取得对学生的信任，就要取得最佳的教学成果，这就需要教师讲课时不能摆出一副居高临下的姿态，不能对问题同学进行简单的批评。俗话说一言九鼎，一句话，胜过九鼎，三寸口舌，胜过千军万马。在课堂内外，教师不能逃避任何矛盾，不避讳敏感、尖刻的问题，而当学生发现自己的老师真诚、实事求是的时候，他们就会真诚、坦率地与自己的老师进行沟通交流。

要真正地交流，最重要的是要设身处地地想一想。有些学生上课迟到早退、上课看手机、听音乐、低声交谈，诸如此类，不能用高高在上、用暴力来处理，要想想自己在学生时期，也是这样吗？是因为什么导致了他们的问题？有时候稍微设身处地地想一想，问题就会迎刃而解。

要实现真正的交流，其实质在于"人情化"。教学不能强迫，要顺应生理和心理发展的基本原则，要使其符合需要，激发其内部的生长动力。通过劝诫、用温暖的手、动人的话语来进行教学，其结果常常会有很大的差别。例如，在课堂上，你可以询问你的同学，老师在课堂上讲的是哪一段，或是你在课堂上学到了些什么，而不仅仅是在课堂上的灌输和教训。

要实现真正的交流，最基本的途径就是"差异化"。有许多理由导致了在课堂上的问题。有些人，自我意识不强；有些人，学习能力不强；有些人，则是因为没有得到足够的监督。在具体的问题上，不能"模式化"地"一刀切"，要有特定的方式去处理。

三、第三种境界：亲情感化是思想政治理论课教师做好教学工作的崇高境界

爱情是家庭教养的关键。有些人说，这个世界上的东西太多了，而当你把它送给别人的时候，它就会变得越来越小，而你所得到的，就是"爱"。爱情，不求回报、只求奉献、舍己为人。身为一位老师，特别是思想政治学的老师，必须要有一种仁慈之心，因为这就是一株大树在摇一株小树，一片云在推一朵云，一种精神上的觉醒，这就是德、行、智、性、情的历程。在面对新环境和新生活时，有很多人会产生暂时的不习惯。身为老师，我们绝不能以讲道的口吻、居高临下的态度或略带一点的厌倦，去直面那些迷惘的脸庞。我一直提醒自己，要把他们当亲人、朋友看待，把他们的问题当作自己的问题来解决，用简单的言语、用温和的语气、用诚挚的感情来感化他们。

高校的教学目标、所处的国际国内环境、政治社会生态环境等都在不断地改变着。老师的教育思想是以"以人为中心、以爱为中心"的，让学生做课堂的主宰，做老师的知己，与老师一起讨论国家、世界的知识与人生的迷茫，

在探索真理中启迪思想，陶冶人生，从而达到思想的高度。坚持"学生为本"的办学宗旨，以"家化于心、化于行"为起点，以现实为指导、以实践为指导、以多元的教学方法，逐步实现"内化于心、外化于行"的目的。

我在上一个秋天带来了三个学期的行销学的《道德与法制》，其中一个同学给我留下了很深的印象。刚上了一节课，我就收到了一个电话，是来找我帮忙的，从他支支吾吾的描述中，我大致明白了他的要求，那就是和舍友相处的很差，所以他决定自己一个人住。由于在电话中无法表达，我叫他去值班办公室谈话。通过谈话，我知道了这件事的始末，我认为有必要让他认识到学校里的关系特征，并给他三条忠告：一是要从别人的角度考虑问题，要宽容；二要树立良好的人格，改进个性缺陷，重视自我发展；三要熟练运用人际交往的技能。在谈话中，我会偶尔引用一些著名的语句，或者作为一个经历者，把自己的经历告诉别人。说到后面，我不禁感慨，四年的时光真是太美妙了，我们应该好好地珍惜我们的同学，好好地度过我们的校园生活。看着他那张阴沉的脸上渐渐露出了笑容，我觉得很高兴。

以上三个阶段是我在教学中逐渐领悟到的，不管是真诚的沟通，或者是亲情的感化，都是一段艰辛而漫长的历程，就像王国维所说的"三个阶段"一样。不管怎样，我们都是学生的老师，我们应该永远记得，在我们的一举一动中，都有一双眼睛在看着，一颗心在聆听。因此，我们要谨慎行事。一个词的不当，或许会让一个柔弱的人受伤；或许，一份工作上的疏忽，就会影响到一个人的善良。反之，一个真心的激励，也许会让那些失去方向的学子们不再迷惘；一颗热诚的真心，也许可以让已经快要绝望的灵魂，再次焕发生机。

回顾过去（对教职经验的总结），就是为以后的发展做准备。习近平同志就新时期怎样把中国的思想政治学课程搞好，作了系统而重要的讲话，突出了以"以新时期的中国特色"为核心、以"以中国"为核心、以"以德为本"的教育为核心。我是一位为人民服务的老师，也是一位思想政治课老师，我将深深地感动着学生，我将我的使命铭刻在我的心中。

第三节　高校思想政治理论课教学价值和意义

　　教育理念的转变源于思想观念的转变。在"预成论"到"生成论"的哲学认知过程中，教育观也随之发生了从"预成论"到"生成论"的变化。"预成论"过分注重对知识的有序、规范和控制，过分重视知识的接受、掌握和认同，忽略了教育目标的主观和客观的特点，使其失去了教育对象的主体作用。"生成论"强调了"生成"和"转换"，强调了"教学"是一个由人积极参与、自我构建的"过程"，各种教育体系要素之间的互相影响，使得"预设"的教育目的表现出一种复合的、非线性的特点，具有教育"生成"和创新的潜能。教育理念的转变为大学的教学改革和发展奠定了坚实的基础。

　　一种科学的价值取向和发展，在哲学层面上，它是某种思考模式的体现，教学理念和教学策略的选用是由思想方法决定的。纵观整个人类的思想发展历程，经过了三种不同的思考模式：古本体论、现代科学世界观以及现代生成论，被学者归纳为"预成论"和"生成论"。在现代哲学和建构主义等诸多学说的作用下，我国的教育观发生了由"预成论"到"生成论"的转变。"思政课"是一种以时代为导向的教育理念，它是一种体现时代精神的教育理念，它的教育必须遵循人类的生长和发展，也就是人类自身的产生，将社会生活、时代变迁、人文精神等因素纳入到"思政课"中，使其具有旺盛的活力和教育的价值作用。

一、教学"预成论"的认识论基础与主要特征

从"预成论"到"生成论"，"人"在哲学上的认识发生了变化。"预成论"思想起源于柏拉图的"质化"理论，也就是所谓的"本质论"。他把"东西作为一种思考方式，首先确定了物体的性质，再用这种性质来说明物体的存有和发展"。从认知角度看，把事物划分为表象和内部实质，其物质的外部显现，是可变的、不确定的；实质是一种客观、普遍和恒定性的东西。事物的产生和发展有一定的规律性，事物发展的进程其实就是规则的推衍，而规则的客观化则是事物发展的必然途径和必然的后果。在实际操作中，通过对已有的对某一事件的性质和法则的理解，来对某一事件进行调控或干涉，使其达到预定的发展轨迹。这一思想方式在教育领域中得以体现，并由此产生了"预成"的教育观或"预成论"。"预成论"是从对事物发展的规律性理解出发，提出了教育理论的基本目的是探索教育的实质，从永恒不变的教育实质中寻找一般的、适用的法则和原理，从而引导教育实践按照既定的规则和程序来引导教学实践，从而达到预期的效果。教师教育的成败取决于学生对教育的规律性掌握和遵守的水平。过分强调教育规律的方法，在培养学生的信息辨别、筛选和创造的同时，也给他们带来了一些困难。这种教育观在当前的教育中占有重要的位置。其基本特征可以概括为：

（一）强调教学过程的确定性、规律性、可控性

"预成论"从事物的角度去认识和掌握人，并将教学的对象视为消极的对象，将其视为有目的的、自觉的、有规律的、可控的。在课堂上，教师的

能动性主要体现在：严格遵循规则，强调精确的组织和固定的教学活动，把繁复的教学过程变成一种强制的、程式化的直线式的顺序，仿佛学生的发展道路和改变状况都是一目了然的，可以根据教育工作者的意愿进行训练和塑造，忽视了学习者的主体地位、能动性和人格发展的需求，造成了教学方式的死板和僵化，使得教学目标丧失主体的价值。

（二）教学价值定位为"知识灌输"，缺乏人格和个性的养成

教师是知识的持有者，是教育过程的组织者和支配者，要将所学的知识完全传递到孩子们的身上，老师就必须借助支配的权力和现有的教育实践，形成一种对教学过程的掌控。教学并不在于培养他们对人生意义的思考与价值的追求，而在于对已有的知识的接收，"学的目标就是接收"最好的教育方式就是"充分提高知识和技能的使用"，"以最经济的方式，把知识系统化地传递给所有的人，这才是最重要的"。老师注重目标与结果、认同与掌握、效率与控制的可预见性与准确性，忽略学生的主体性，学生的学习是把预先设定的内容从消极转换为向动态的积累，学生掌握了预先设定的教学目标，从而实现预期的目标，排除了非预设的、反映学生个性和创造力的生理目标。评价教学成效是以老师在单位时间里传递的信息和所接收到的信息量为依据，以得分的高低来判断其获取的信息，从而使教学变成了一种行为的支配和分级，违背了教育所要求的个人的自由与民主。的确，在教育中，知识的获取和传递是其首要的工作，而不是其所有的作用。教育的重要作用是培养学生的求知欲望、主动探究和创造新知识的动机；教育的最终目标是：使学生拥有健康的思想和优良的性格，使他们感受到人生的快乐，并使他们拥有快乐的人生，而非单纯地拥有知识。

（三）教学目标与学生发展之间呈现因果线性关系

在教学"预成论"的视野中，简单的知识和能力的积累与个体发展呈比例的函数，教学目的和效果在教学前可以合理地设置，教学的进程仅仅是预先设置的程序和步骤的重复，因此，大量的教学情景被简化为可以人工调控和准确推理的线性连接，尝试用简单的线性思考来引导教学的实际操作，使一个由多维度、多层次、动态发展、开放型的复合教学体系变成封闭机械的教学流程，失去教学过程的语义扩展和价值的延伸。

二、教学"生成论"是对教学"预成论"的扬弃与超越

产生式教学论的生成，是以当代教育的局限性和困境为基础的。在当代人类日益膨胀的今天，由于现实的功能，当代教育在现实与理想、实践与理论之间存在着许多冲突。在我国的教育实践中，这种现象尤其突出，因为它忽略了人的主体、脱离了教育的主体，使教育活动在预定的、同一的认知主义轨迹上不断重复，日益呈现出抑制智慧、束缚个性等弊端，阻碍人类张扬与自由成长。这种弊端导致了产生式教育的理论和实践。从建构主义、经验主义、怀特海的过程主义等角度，吸取自然科学中的不确定性、非线性原理，充分发挥师生主体、特别是学生的主体性、创造性，关心人的现实需求，注重过程、关系、创造、个性、非理性等特点，强调学习的自主建构和教育的动力产生，实现了被动接受"预成论"、对静态预设的扬弃和超脱，使教育从"工具价值"的传授到"人文价值"的培养，为教育的整体发展提供了有力的支持和保证。

（一）人的生成性为教学"生成论"提供了内在动力和现实依据

思维模式转变的根本依据是人生命的变化和对"人"的认识。人类的演化是一个长期的过程，人类从出生之初就有了作为人类的基因，也就是人的生理特性，这是一个人的产生与发展的必要条件。马克思的人学学说把人类的人生看作一个生生不息的进程，处在现实的社会中的个体"并非处在一种空想的孤立无援的、一成不变的进程，而处在现实的、可以用经验来观测的、有规律的发展的进程中去的"。"在社会主义者的眼中，一切的一切，不过是从人类的劳动中产生的，是大自然对人类的创造。"人类的生成性给人类的创造力与自由发展带来无限的可能，要从动态的、生成的角度来认识和掌握人类的多样性。马克思的"现实的人""人的本质""人的全面、自由的发展"等学说表明，人类的生活是一种产生与发展的进程，人类的认知也从"预成论"转变到了"生成论"，从而形成了以"生成论"为主流的思考模式。它反映了一种东西和它的性质是在发展的进程中产生的，"从生成观的角度看，万物都是产生的，都处在不断地改变的进程，没有预先确定的性质"。"生成论"主张综合思考，不能以"非我即是"或"完全相反"的观点来看待和解决各类复杂的问题。但这不能完全否认"预成"的思想，因为"预"思想对"物"的理解存在着一定的局限和偏颇；在重视人类的理性活动的同时，忽略了人类的非理性。与预成论相比，生成论更加强调过程性、差异性、关联性和创新性。事实上，在特定的发展进程中，往往会产生超出预期的后果和模糊性，给各种不同的发展提供了更大的发展余地。

（二）教学"生成论"融入了现代哲学和建构主义学习理论

哲学是当代的精神之精髓，它的思维模式也是其他思想系统的反映。教育生成论是从对传统教育预成论的持续反省中发展出来的，并融合了"现实的人""人的本质"和"人的充分的自由发展"的人学理论，并将其视为一种随着时代的发展和社会变化而产生的、持续的理论。德国20世纪的伟大思想家卡尔·雅斯贝尔斯，曾说过："教育就是创造"，它不是智力的积累，而是人类心灵的培养。"如果教育是一种规划，而没有产生人类的思想的可能性，那它就像是一台被培养出来的机器，人类在接受了教育之后，只能学习一些实用的计算，而没有看到更高的境界。"教育生成说认为，教育不能使生命发生变化，也不能使一个人变成一个怎样的人，只有按照他与生俱来的天性和发展潜能，才能使他的思想得到升华。美国心理学家维特罗克在20世纪70年代创立了"生成论"的教学学说，并以肯定老师的引导功能为基础，从心理学的视角对学习者的主体性以及与周围的互动关系进行了解释。我们相信，学习行为并非是大脑对外部输入的被动接受，而应该由学习者根据现有的知识体验，选择、构建对输入的信息进行解读，从而得出结论。这个过程是由学习者的固有认识和接受外界信息的交互作用，主动建构信息的产生。这种建构主义的学习方式为"生成论"的教育提供了一个直观的心理基础。

（三）生成性教学强调知识对于人的精神的内在价值

生成性教育注重培养人的发展，强调知识对培养人的整体心灵和个人心灵具有重要意义。要把知识作为人认知世界的一种手段，把它看作是人的认知工具，是人认知世界的一种实践的产物，如果否认它的教育意义，它就会导致教育不能"培养人在灵魂上的反省，不能提高对超脱的精神的追求，不能发展出一种广阔的、适合的视角，从而全面地了解人的生命"。知识最基本的功能和最终目标是：使学生能够不断地发展自己，达到人的心灵全面发展。预成主义教育观颠覆了人与人之间的关系，把人与人之间的关系变成了教育的目标，而非人类发展的手段。尽管传授知识是教育的必要手段，但它并非被动地复制，它是教师和学生在具体的教育环境中主动地对其进行改造和构建的。在学生的"简单接受""机械记忆"方面，"生成论"的观点是：老师通过单向传递、硬性灌输，学生通过被动接受、机械记忆等方式获取个人的知识是困难的，把学习者的认知行为看作是一个"生成"的、自觉的、自发的行为。个人既是知识的解释，又是文化知识的创造，是对"预成论"的一种新的认识。

（四）教学目标的价值不在于定位而在于"定向"

在"生成论"的教学视野中，教学实质上是师生互动、合作来构建信息的意义。与预先设定的目的相比，生成性目的已不是僵化和固定的，它仅是一个指示的指向，也就是教师在课堂中行为的本质与取向，它的存在带有某种随机与弹性，同时也存在着师生之间的某种"不确定性"。教学中的每一个环节所构建的含义并非是线性的、序列的、累积的，它是由教学主体、教学内容、教学方法、教学情境等因素组成的一个复合的体系，这些因素相互影响、相互渗透、相互交融，这就导致教学的目的无法与教学"预成论"所提出的"一因一果""非此即彼"的认识战略相一致，而表现出一因多果、多因一果、多因多果等非线性交织的"网络"。因此，在教学中，不仅要注意预先设定的要素，还要注意教学情境、教学内容和教学策略等诸多要素和环节的生成。"生成"是人类的认识构造最根本的作用，而"生成论"的教学重点在于发展与创新，只有在教育活动中，主体的创造力得到了全面的运用，这就说明了教育的目的很难完全预测，而"生成"和创造则包含了教育的"生成"和创造的可能。要想使教育的作用和价值得以充分发挥，必须跳出"预成性"的教育目的，建立以人的发展为核心的"生成性"教育的目的。

三、"生成论"教学观在高校"思政课"教学中的表现形式与实践途径

对当前"思政课"的认识局限于"预成论"的传统思考模式，对人类抽象的认识势必造成脱离人类生存的世界，将教学的内容抽象化、纯理论化、空谈化（也就是超出了真实的生活），造成了"预成论"的传统与大学生的个性发展有着本质的冲突和矛盾，无法消除学生的心理困惑、无法真正地解决问题，从而削弱了其客观存在的满足个人发展需要的功能和价值，因而难以做到"深入人心、触及灵魂、引起共鸣"。因此，要打破"预成论"的传统思考模式，从"生成论"的视角审视人类的生活状况，将人类看作是一个抽象的外部研究客体，同时也是现实社会中存在着特殊的个体，实现大学"思政课"的教学从只注重"理论灌输"的"工具"到重视"人的全面发展"，从而实现当代的思想政治教育转变。

（一）高校"思政课"的价值导向功能，是在"预成"与"生成"的辩证统一中实现的

大学的思想政治理论课程与其他学科的课程相同，它需要在严格的计划性、科学性和规范性的指导下进行，从某种意义上防止了学校的放任自流，这就是老师的优势所在。理性的产生往往都在目的取向范围内进行，而一旦产生脱离了目的取向，产生行为就会变成一种随机的、自然的行为，这将有损于学生的专业素质，有悖于其本质，也就丧失了其生成性教育的意义。"思政课"是人类"灵魂"，它的基本目标与价值任务，既是它的思想灌输作用，

也是它引导人的主体性和价值观的意义，因此，"思政课"的教育过程就是一个转换与产生的活动。包括"接受""内化"和"外化"。教师运用现代教育手段，在具体的教学环境中营造特殊的教育环境，运用一套教育方法，既可以提高受教育者的知识水平和思维能力，又可以指导其人格品质和价值观，如情感、意志、兴趣、需要、信念等方面的指导，以发挥其创造性潜能，把社会主义道德标准内化为道德信念，外化为道德，把教学内容转化为人生智慧，把人类文化成果转换为文化素质的最终教学目的，使人类思想更为丰富和完善。就像杜威说的："一个不断调整、改造的教育进程。"这是一种由老师指导和非指导的学生自我构建的综合型个性形成与复杂的个性形成的历程。而"思政课"则呈现出高度自治与动力发展，尽管在短期之内难以看到明显效果，但它是"思政课"的真实意义与基本目标。

（二）"生成"结果与"预设"目标之间的非线性关系，体现了"思政课"教学过程的创造性

人类的思维伦理不是先在的、固定的、一成不变的、可被解读的"预成性"，而是由许多要素、活动、关系、过程组成的，具有生成性的、变幻莫测的，具有可塑性的、有规律的、有目的的、有意识的、有预成性的，因此，它的教育过程就像一个多维度、多层次的、动态的、开放的、多方面的、互动的、充满不可预测的、不可预知的、具有明显的动力和发展性。"生成"的重点在于发展与创新，教学中的具体事件、教学情境、教学手段与教学方法、学生个体认知与回应，都会导致教学效果的改变。这是一个有潜力的教育创新。因此，在"思政课"的教学中，教师不仅要注重其预设的目的，更要注重其生成目的。缺少了在过程中产生的动力效果和价值观，就会失去创造性，就会只有混乱的知识积累。教育活动的创新是超越和扩展预先设定的规范、目

标、流程，促进教学活动的自然进行，促进了学生的良好人格素质和创新思维。教师的教学活动具有必然性、客观性、普遍性和相似性，同时又具有不确定性、主观性、特殊性和差异性，这种双重性质使得真正的教育成果并非必然是预先设定的教育目的的真实反映，而在于教师和学生通过信息交流、情感交流和思想交融而"生成"的创造性和发展性结果。

（三）将教学内容融入人的生活世界，是实现高校"思政课"价值导向功能的实践途径

就近代哲学来说，"天地"已不只是一个与人没有关系的外部事物，它更像一个生命的存在，它对人类来说有着重要的意义和价值。杜威的"教育即生活"和陶行知的"生活即教育"，都是以"以人为本"的教学为起点，立足于现实，从而实现"以人为本"的教学活动。它符合当代"以人为本"的教育观念，从更深层次上展示其人文关怀的价值和作用，为当代"思政课"的创新和改革提供了一个新的思路。

大学"思政课"是以思想、情感和精神需求为目标的"现实的人"进行的。大学生的思想和政治素养是扎根于社会的实际活动，其教学内容、教学原则和教学方法应当是对社会现实问题的一种客观的体现。市场经济的平等意识、法制意识、竞争意识、效率意识、开放意识，都需要人人平等、权利和自由，这就需要社会的普遍重视，使人的自主权得以加强；对利润最大化的追逐是市场经济运作的规律和推动力，人与人之间的关系以经济利益为纽带，其经济价值观念和功利化趋向已广泛、深刻地渗入了社会的每一个层次和领域。因此，大学"思政课"的教学不能简单地停留在理论化、抽象化的层面上，要从发展与变革的角度去认识其所肩负的社会意识与社会责任感，并从社会发展和教育客体的特征把握其教育内容的发展性与时代性。一方面，它回到

了"现实的人"的范畴，认识并确认了人类对物质生活的正当性。"所有人类为之努力，为之而战"，这一论点深刻地表明，人类的生活和发展，是人类的基本需求。同时，注重对自身的利益和伦理的矛盾，把"人的利益"与"人"的"境界"相统一，以"以人为本"为导向，引导以"人"为本的价值取向和"德"取向。"思政课"教育的内涵是"回到生活"，并非单纯地等同于回到生活，不能仅仅为了满足学生的生活需求，把教育"庸俗化"，进而弱化了"思政课"的政治取向和人的心理状态，而应以市场经济的本质需求为基础，面对生活和实际问题，把其融入关心、帮助和为学生的教育中去，"以大学生的综合发展为目的"，"贴近实际、贴近生活、贴近学生，努力提高思想政治教育的针对性、实效性和吸引力、感染力"。立足于学生自身的社会实践，将反映中国社会主义发展需要的思想、道德规范与学生的实际工作密切结合，指导其正确地对待"利"与"义"、物质追求与心灵升华的关系，探索出正确的人生价值之路。它既是对学生长期发展的终极关注，又是"思政课"教学实效的根本表现。

第四节　高校思想政治理论课教学与通史意识

在大学的历史教学中，要树立"历史"观念，不仅能使学生清楚课本的内涵、加深理解，更能增强大学生对中国特色社会主义的理想信仰，从而实现"思政课"的目标；在实务教育方面，大学思政课的教师可以从古今、纵向的历时性"通"（历史发展的延续）与"变"（各个历史时期的特征）、"共时—横"的贯通、整体的历史考察等方面着手，以期拓宽思政课程的教学广度，增强教育实效性。大学的思政课教学要具备历史的观念，尤其要注重在教材的基础上进行，要从叙事到反思，从反思到叙事，做到叙事、反思相统一，使高校思政课教师进一步提升理论素养，增加专业知识储备。

"立德树人"是大学德育课程的主要目标，它有助于培养学生正确的世界观、人生观、价值观。根据教育部"2017年高校思想政治理论课教学质量年"调查，90%以上的学生认为"课有所益""学有所得"。近年来，我国"金课"理念的出现，使我国的思政课"强化学业挑战度、增加课程难度、拓展课程深度、真正地提高课程的教学质量"的目标得以实现。

通史观是一种洞察历史变化的自觉，这就需要史学家的叙述，必须重视从变迁的角度审视其发展过程，从而显示出"通"（发展的延续）与"变"（各个历史时期的特征）与横向共时空间中的历史人物的活动，以及当前和将来的联系。"中国近代历史大纲""毛泽东思想与中国特色社会主义学说""马克思主义基础理论导论""中国历史研究"等课程的发展，都有着十分突出的作用。本节试图从历史的角度来研究大学思想政治教育的一般历史观念在大学的思想政治教育中的地位和意义。

一、通史意识对高校思想政治理论课教学的作用

（一）帮助学生厘清教材内容，深化认识

从宏观上讲，思想政治课程的历史是从原始时代开始的，直到今天的时代，而从横向上讲，思想政治课程的老师如果具备了通史的思想，就可以自觉地表现出"通"（历史发展的延续）与"变"（各个历史时期的特征）与横向、共时的时间和空间上的历史角色的联系。这不仅有助于理顺课本的内涵，更可以反映出时代发展的趋势和规律，同时也可以打破课本自身的局限

性，对知识进行进一步的提升。

历史的通史自觉应该处于历史的长时期，既要有反思的可能性，又要有必要的历史，但是历史上的"通"的思想可以用于个人的思想教育。《说文解字》中，"通"为"达也"。故"通"为一段历史。就思政课个人的教育而言，每一个历史的事件和特定的思维都有着它的产生和发展变化的政治、经济、文化、知识的背景，而思政课的老师们具备"通"的意识，在教学中，他们会将历史和特定的观念放在时空的坐标上，通过纵向的、历时的、持续的、变化的与横向的、时空的联系，来进行归纳和总结。这样可以使教科书的教学更加清晰、更加深入。

在思想政治教育中，从宏观的历史观念到个人的"通"，两者相互促进，既有助于理顺课本的内涵，加深理解，又能促进整体与个人的关系，使学生对思政课的教学内容有更高的理解。

（二）有助于坚定学生对中国特色社会主义的理想信念，并达到思政课教育的目的

习近平在 2016 年度全国大学生思想政治工作座谈会上，对思政课老师提出：要对广大思政课老师进行教育，要使他们了解中国发展的趋势，要从我们党对中国特色社会主义的发展和实践的探索中，了解和掌握中国特色社会主义发展的必然趋势，坚定为实现共产主义崇高的目标和中国特色社会主义的共同目标而努力的信念。中学思想政治教师要具备通史的能力，使学生认识历史、现实与未来的关系，认识到中国历史各个历史时期的任务与特征，同时也可以互相衔接，既有历史的变化，也有历史的直接和间断性的结合，才能实现共产主义伟大的理想和中国的共同的社会主义理想，从而加强学生

的四个自信心，使中国的社会主义理想更加牢固。而在这一时期，中国和世界各个阶段的发展，都是由"纵向"的时空角色共同完成的，这一时期，大学生是社会发展的一支生力军，是社会发展的指针。

（三）有益于塑造学生的认知结构和思维方式，培养新时代高素质人才

在认知层面上，人的知识是从个人开始的，但是要真正了解个人，就需要将个人放在一个完整的体系当中，而人的终极目标就是要对整个世界有一个全面的了解。从认识上讲，人们认识到的历史，都是基于对当前自身生存的需求，同时也是对过去和未来的探索。思政教育是一门通史学科，它能够将个人放在一个全局的角度，打破单纯的课堂上个人的单纯堆积，帮助学生全面地理解和掌握整个社会，形成一种全面的认识和总结，进而"继承百世，掌握时代变化"，以此实现现代和未来的探索。有利于形成大学生的认知和思考模式，有利于造就符合社会发展要求的高质量的人才。

二、通史意识在高校思想政治理论课教学中的运用

思政课教学应具备通史的思想，它要体现出古今、历届的"通"（历史发展的延续）与"变"（各个历史时期的特点）、"共—时"的横向贯通，注重对政治、经济、文化、社会等的整体考察，以增强其实效性。

（一）古今纵向历时性之"通"（历史发展的连续性）和"变"（各历史阶段不同特点）

《思想政治》教科书将历史划分为不同的发展阶段，其中"通"中有"变"，"变"中有"通"，思政课教师要揭示出其中的"通"与"变"以及二者之

间的关系。

《中国近代史大纲》（以下简称"纲要"）从政治史的视角，对中国自1840年开始的鸦片战争到中华人民共和国成立这段时期的近代中国发展史进行了全面的论述；中华人民共和国成立后的历程，是中国近代史上的一段重要时期。若按其详细划分，可以划分为晚清、北洋军阀、国民政府、中华人民共和国，因此"纲要"虽无一般历史体裁，但其整体的历史意蕴，例如教科书回顾一节，所叙述的中国与鸦片战争之前的全球，因此其起始时间比1840年鸦片战争的开始要远，已经超出了近代范畴，反映了一般历史的精神。"纲要"的老师可以从历史的角度去理解和讲解教科书的内涵。

"纲要"以中国近代的发展历程为主线，重点阐述了近代中国的发展历程。一是中国的政治体制发生了重大的变革。从清末到资本主义、到社会主义；二是中国各个时期的社会主要矛盾在不同时期发生了改变。从封建社会的农民与地主阶级的斗争，到帝国主义与中华民族的斗争，封建主义与民众的斗争；1945年到1949年，民众同帝国主义、封建主义、国民党的残余力量的斗争；1956年三大改革结束之后，主要的问题是：世界上新中国同帝国主义的斗争，国内的工人阶级与资产阶级的斗争，以及人们对物质和经济发展的需求的不断增加和社会的发展的滞后问题，以及当前人们对美好生活的要求不断提高和发展不均衡的问题。

"纲要"也论述了"通"，它的主旨是：中国人民对自由、富裕和美好生活的追求，是中国人民在各个时期的一个长期的行动的根本。

"纲要"教科书的历史变迁具有以下共同之处：一是中国从封建君主制到社会主义，是由社会发展的法则所确定的；二是现代中国的主要矛盾始终处于发展和变革之中，而转变的关键是各个时期的问题都要由中国共产党来解决，由此可以使学生们产生一种信念，即：中国共产党能够拯救中国，中国共产党能够发展中国，带领中国人民走向复兴。

（二）共时空的横向之通

柳嘉贺说："一部严谨的《通史》，一定要有一种将过去和现在改变的历史看作是一个整体发展的进程，或者说，它是一个永恒和改变的整体。"也就是说，除了要具有古今和"变"的"通"之外，通史意识还需要具有"同"的历史，这是一种"通"的"同"，也就是"共同空间"的水平上的"共同"，表现在两个层次上：第一，将"过去"看作是一个有机联系的"整体"；第二，将个人的认知放在一个共同的空间的整体上，从一个总体的角度去理解个人。

比如"纲要"第6章"中国抗日战争"，不仅要谈到中共在抗日基地的建立，而且要谈到中共和以工人农民和城市小资产阶级为代表的先进力量，以民族资产阶级、开明的上流社会和当地有实力的人为代表的中间力量，有以大资产阶级为代表的大资产阶级的顽固不化的力量，还有汉族、少数民族的抗日运动、内地和港澳台地区的抗战、抗日战争和侨胞的援助，都是通过这种纵向的联系，让学生们更好地了解中国抗日战争的胜利，以及中国共产党在抗日战争中的中坚力量。思政课老师将历史看作是一个有内部关联的有机整体，从全局的角度阐述了"共时性"和"纵向"的通性，既有助于明确课程内容，又使教学内容更加立体和丰富。

这些人物的活动、联系和变化，形成了各个时期的不同特征，并形成了下一个时期的原因，并确定了其"通"（发展的延续）和"变"（发展的阶段性）。"历史上的变迁，就是这种内外同时发生的变化；同时，所有的时间水平的同一性，都是从时间上纵向发展的结果。"垂直的历史发展和水平上的同步改变是一个和两个，两个和一个。"古今纵向历时性的"通"和"变"

相依的时空相通,形成了时代发展的过程。同时,思政课老师也要揭露出古今、纵向、横向的"通"和"变"的横贯相通的联系,既能让同学掌握纵贯的过程,又能升华知识,又能形成思维模式。

(三)历史的整体性研究

《思想政治》教科书,介绍了中国自 1840 年至今,在人类漫长的发展历程中,资本主义和其后的世界,但其具体的内涵,已经超出了这个范畴,可以说是中国乃至全人类的文明史。人类的文明历史包括政治史、经济史和文化史,这些历史相互独立、相互关联,是整个文明历史的一个有机部分。在思想政治教育中,通史意识并不仅仅是体现在政治通史意识上,在纵向上,要把政治通史意识、经济通史意识、文化通史意识等作为一个有机整体,就横向的方面而言,则要把政治、经济、文化等作为一个有机整体进行讲述。

例如"纲要"第 4 章"大事件",思政课老师不仅要从纵向上帮助学员理清传统的封建文化,从 1915 年到 1919 年五四运动之前的运动,到 1917 年十月革命后中国的马克思主义的文化演变,以及 1917 年俄国十月革命的发生,把马克思主义带到中国,把马克思主义与中国的革命联系起来,从而使中国的政治、经济、文化、社会生活都受到深刻的冲击。

随着大航海的大发现,人类社会变成了一个内部的有机组织,它不是通过地域关系组成的特定政治单元,而是一种全人类的统一。而今天,"各国相互联系,相互依存,命运紧密相连……和平发展合作共赢的时代趋势越来越强烈"。需要建设以互利共赢为中心的新的国际关系,改变全人类的命运。思政课教师从整体角度讲解教材,既能促进课程内容的系统性,又能增强其实践价值。

三、通史意识运用于高校思想政治理论课教学需注意的问题

（一）通史意识应主要在高校思政课教材内容下进行

从横向来看，《马克思的基础原则》围绕着全人类社会的发展，无须赘述；"纲要""毛概"则着重叙述了1840年以后中国社会发展的历程，那时，人类社会形成了一个有机的整体，中国这个世界的一分子，就必须从与外界的关系中审视中国史，但是"纲要""毛概"课本的重点仍然是中国自1840年以后的历史，因此，在"纲要""毛概"的教育中，普遍的历史观念被运用到了1840年。综上所述，无论是横向还是纵向，都应该以大学的课程为主线来进行。

（二）从叙事到反思，再到后思，叙事、反思、后思相结合

所谓叙述，就是用叙述的方式讲述历史。将叙述引入到高校思想政治教育中，能够增强思想政治教育的生动性和活跃性。回溯是历史学家从特定的历史事实中总结出的历史经历，为今后对类似的事情提供参考。回忆是对反省的重新思考。是以思考为中心，以思维为中心，形成有规律的认知。历史的一般意义在于对历史的反省。

大学思政课以历史为主要课程，以思想政治为目标，要实现这一目标，就必须通过对历史人物的形象描述和对特定的历史事实进行深刻思考，也就是"反省"。"历史"是指"后思"，"后思"要以"叙事""反思"为基础相统一。这反映出了从历史的特殊性到历史概括性的认知，符合学生思考问题的思维方式，也符合思政课教学的活跃性和深度。

（三）高校思政课教师要不断提升理论素养，增加专业知识储备

根据现有史料记载，中国的通史思想始于周朝，而《竹书纪年》与《世本》则是其最早的通史著作。司马迁在《史记》中，将"通晓古今"这一思想作为其著作的目标，比较完整地体现了历史的特征，并在此后的几个世纪中得到了进一步的发展。由于大学思想政治教育中存在着"历史"观念，因此，它不仅要对历史学科进行全面了解，而且要对课本进行全面的了解，同时要通过课堂上广泛地阅读材料来增强自己的知识面，只有这样，才能使"历史"意识在课堂中灵活地运用，从而使思想政治课程的教学更深入、更广。

恩格斯曾经说过："一个人要登上科学的顶峰，就必须要有一个理论思考的时间。"大学思政课的通史教育，就在于使学生能够超越体验式的思维层次，深入地反思历史和人类的社会。它既影响着大学生的认识和思考能力，又影响着大学"立德树人"的目标。

第五节　高校思想政治理论课的教学语言锤炼

在当前的教育环境中，高校的思想政治理论课程应该按照十九大的精神进行改革。为此，大学教师要不断丰富课堂、锤炼课堂、优化课堂结构、加强课堂教学。本节正是从以上几点出发，分析了大学思想政治理论课的实质，论述了强化课堂语言的功能，并结合目前大学生的实际情况，提出了相应的对策。

大学老师既要引导学生学习，又要注重对学生的思维辨别能力的训练，

使其综合素质得以提高。因此，要使教学过程中的教学内容更加合理、科学，必须通过对教学内容的不断完善，才能有效地激发学生的学习热情和兴趣。在锤炼教学语言的同时，还要把思政课的课程架构纳入到课堂中，把最简洁的语言逻辑与语篇组织起来，让同学们能够充分地吸取到教育理念的精华。

一、高校思想政治理论课的本质

大学的思想政治理论课以中国特色社会主义为核心，使学生在"思政"课上获得时代的主题理念，有助于在认识自身的同时认识到"唯物"的含义，从而促进"公民"的自觉性。因此，全面认识大学的思想政治教育实质，对提升大学的教育效果具有重要意义。其次，课程应着重于对学生的个性与差异性进行分析，例如：为解决学生的生活与人生的困惑。再者，要让同学了解人生与学业之间的联系，理清思政课程的意义。最后，注重全面素质教育，注重发展学生的适应性，逐步挖掘出最符合自己特点的发展道路。

二、锤炼思想政治理论课堂教学语言的作用

通过对课堂教学的磨砺，使其能够在特定的教育方案范围之内，养成积极的生活价值，从而获得最好的理念。在教学中，要加强对课堂教学的训练，提高学生的思考水平，明确区分对与错。因此，要准确地把握思政课的语文内涵，把握其中心地位，才能凸显其重要性。它的功能有：

（一）提高课堂效率

在运用新媒介的情况下，思政课程应该使用简洁的语言，以强调活动的进程和效果。在当前的时代，高校的课堂将采用新媒介技术进行教学，运用准确的话语来传达具有指导意义的社会主义理念，有助于在不知不觉中培养

出一种具有社会主义意识的教师，从而有效地促进了课堂的学习。而思想政治教育的教学又为大学生的发展提供了良好的条件，因而，通过对教学的磨炼，可以明显地提升教学效果。

（二）突出教学重点

用简洁的语言使同学们能够从板书上理解本课的要点。本节从论述思想政治理论课的结构入手，运用相应的教育方法，讲解具体的知识，使其更好地了解其理论的含义。同时，对学生进行系统的介绍，也有助于保证学生的身心和物质上的充分发挥。另外，通过使用学习手段，学生可以了解到有关知识的使用方式，并且能够在学习过程中举一反三，减少师生之间的交流冲突，营造更加安定的教学氛围。

三、当前思想政治理论课教学的不足

（一）可实践性不足

目前，大多数的思想政治理论课都只限于教科书，这就造成了理论性的教学与实践性的分离。如果老师只以板书的方式来阐述新时代的政治思想，而不深入地探究其中的内容，很有可能导致一些同学无法领会其中的意义，从而将其应用于现实，影响到学习的热情。一些理论性的教学缺乏实证支持，缺乏"以实际为依据"的教学理念，对学生的认识产生了负面的作用。

（二）活动课程较单一

目前，许多大学在开展有关的课外活动时，主要采取悬挂横幅和张贴思政教育的宣传海报等形式。这种单一化的学习方式往往收效甚微，而且很容易引起学生的逆向心理，对思想政治教育有一定的排斥。在确保教学活动的安全性的基础上，开设理论教学的时间安排也有一些不科学的地方，比如占用了节假日，这也是造成理论课教学效果较差的一个重要因素。

（三）理论内容灵活度不高

目前，我国的思政课教学大多以传授传统的思维方式进行，但由于缺乏弹性，导致许多学生出现早退、逃课等问题。另一方面，许多老师没有把新媒介和传统的教育方法有机地融合在一起，甚至整个课堂都是以影片和录像为主要内容，没有利用微博、微信、微课、抖音等资源，这就导致了资源的大量流失。另外，部分同学的学习心态不端庄，老师没有充分发挥他们的长处，使他们无法集中精神在课堂上。

四、锤炼思政课堂教学语言的措施

（一）精炼课堂语言，突出教学重点

思政课是一门枯燥无味的学科，需要老师掌握好课堂中心，并以此为中心进行归纳。因此，在引导问题的时候，老师要运用更加简洁的话语来概括问题中的有关知识和内容，让他们在认识的过程中把握其意义，并使其思想活跃起来，体现出其实用性。具体来说，应该从以下几个角度来提炼。

第一，要掌握好政治课的严谨性。所有的理论课都很严格，要求学生以理性、客观的态度对待问题，并以准确、平静的口吻深入探讨问题。本课程采用比较正规的方式，使学生能够更深入地探究问题，从而提高概念的准确度和严谨性。对于一个问题，老师应该主动去回答。比如湖南高职高专办的"思想政治讲堂"，老师就让同学们从自身的认识出发，向他们讲解"生命接力"的含义。在教室里，同学们通过自己的亲身体验和录像来展示这个过程。通

过这个活动，同学了解到了骨髓捐赠的意义，也了解了受捐者的责任和义务。要让同学们认识到"奉献"这个词的意义，同时要自觉地发现自己周围的一些琐碎事情，深刻体会到它在个体的发展中所起到的重要作用。

第二，要掌握学术用语的正确性。任何一种政治性的学术话语都是非常专业化的，因此，老师要准确地运用词汇，运用标准的词汇，并运用有目的性的逻辑思维，才能让人相信。比如，在谈到利益与利益之间的联系时，老师就必须通过相应的生活情景来了解和分析相关的问题，并通过数据来说明问题与事实的真伪。在讨论"经济贸易"的时候，要根据国家的经济储备和经济状况，指导学生运用精确的数值方法进行基础的差异性研究。

第三，要掌握与之相关的学说。几乎所有的思想政治理论都是相互联系的，因此，要对这些学科的知识结构进行深入的分析，并根据其级别的不同，对其进行合理的分类。因此，老师必须留意教学的次序，在规定中逐级递进，让专门化的词汇得以更好地分解，从而更好地了解相关的理论知识。

（二）完善理论储备，发挥教学特点

许多学科的发展都在顺应时代潮流，要求广大的教育工作者要在新时期内持续地进行新的研究，以充实自己的知识，使自己的教育理念和特色得以充分体现。因此，老师们必须认识到国学、历史、政治、经济学、心理学的重要作用。这是因为心理学、经济学能够提升老师自身的气质，便于老师根据学生的性格特征进行分析，同时结合专业性和针对性应用实例，以提升教学效果。另外，在实施教育的过程中，还要体现出自己独特的教学特点，从而使课堂更加充实。

第一，按照课程的要求，制定指导方针。比如，老师可以从一个特定的政治或社会事件中，让他们用"实验"的观点去了解，并在此过程中做出预言和探讨。如果一个人说了一些不太职业的话，老师就应该给他一些建议，让他注意到他的欠缺行为，让他掌握职业精神，这对他的教学很有帮助。

第二要加强与课程内容相融合，提高学生的学习积极性。在教学过程中，老师要转变传统的教学方式，注重指导与探讨。通过这种方式，老师可以把同学们分为不同的组，让他们参与到小组的学习、互动中去。而在教学过程中，老师更要培养出一种适应自己的、符合自己特点的、能够有效提高教学效果的教学方法。

（三）利用新媒体平台，寓教于人

同时，由于传统的教学使用的是晦涩的语调和教学方法，从而使思政教学变得索然无味，使学生失去了学习的动力。因此，需要采取下列方法进行改革。

第一，巧妙运用微课程教学，同时利用时下流行的网络语言，使思政课充满生机。通过这种方式，老师可以导入一些积极的词汇，通过诙谐幽默的方式来说明问题，使课堂变得有趣，才能使老师的教学工作取得了更好的成效。

第二，通过微信和微博的教学，可以有效地进行教学设计，保证教学过程中的文学性。这是因为"00后"的思维方式比较超前，老师们在课堂上要使用一些比较亲切的语言，这样才能让学生们与老师们的关系变得更好。不过，也不要过分地使用有关的网络语言，以免课程的严肃性。所以，在网上进行教学要做到得体而不能过分。

第三，在理论教学中存在模糊性时，要适当调整授课的声量，避免讲授的太正式、太严肃，尤其是遇到早退、乱说话等问题时，要以巧妙的方式加以解决，避免伤害了他们的尊严。如果有同学在教室里表达自己的意见，那么老师就可以通过各种形式鼓励他们运用自己的语言来表达，从而减轻这种紧张和单调的气氛。

（四）营造良好的教学氛围，凸显教学语言魅力

第一，要深入地发掘已有的教学材料，同时进行思考和总结，把时事、政治、文化等方面的生活元素融入教学中，培养学生的思辨能力，让他们能够从教科书中的理论中联系到有关的案件，从而增强他们的代入感。比如，老师可以向大家介绍"2020年两会"的具体情况，对大会的具体情况和如何提高学员的综合素质进行分析，并使他们能够主动地发表自己的观点。这既有助于使同学了解已有的理论和知识，又能激发他们的学习热情。

第二，老师要运用幽默风趣的语言来解释特定的知识要点，这有利于在单调乏味的课堂上营造出一个很好的课堂气氛。比如：通过导入一些网上词语，对网上词语的词类和使用进行解析，使学生了解其在课堂中的角色。然而，老师们要特别留意，不能大量地运用网络上的词语，以免造成讲解、分析不到位，或是上课时缺乏专业性，从而引起同学们对某一事件、某一案例的反思。

第三，可以运用探索性的方法来激活传统的教室氛围，引导同学们通过互联网（抖音、快手、微博）等软件查找相关的内容，并对特定的知识进行探讨和探索。此外，要注重对教学语言的精练，运用通俗易懂的话语表达各种理论的含义，突出学生的主体性，使学生能够更深入、更专注的研究特定的课题。另外，老师还应将社会学、心理学等其他课程的教学方法纳入到教学中，并以柔和的口吻讲解，适时地注意学生的情绪，使学生积极主动地进行思考与探索。

第四，老师还要在教室里放入微课程，可以选取具有教育性的社会形态，让同学们从多个角度思考、判断，从而得出一个开放式的回答。在保证教师

充分利用现有的教学资源的同时，增加了教师的灵活性，以减少学生的学习时间和精力。同时，灵活生动的课程还可以逐步提升课堂的质量，使他们能够正确地思考和探究，从而养成良好的思考和探究的学习方式。

总之，要充分发挥大学的教学特点，运用时尚、生动的教学手段和恰当的教学方法，才能更好地营造良好的教学气氛。同时，要在学习过程中，加强学生的语言能力表达，增强学生的自主学习能力。

第六节　对分课堂与高校思想政治理论课教学

2019 年 3 月 18 日，北京召开学校思想政治理论课教师座谈会。习近平总书记指出，搞好高校德育工作，关键在于要把党的教育政策落实到实处，落到培养什么人、怎样培养人、为谁培养人这一基本问题上来。加强对大学生的自我认识和自我接纳，使其在大学思想政治教育中的主体地位得到有效的体现。要做到"灌输"与"启迪"的有机结合，强调"启迪"的教学，要使学生发现问题、分析问题、思考问题，在持续的启迪下，使学生自然而然地得到正确的答案。因此，要切实贯彻立德树人这一基本使命，加强高校思政课的实践性，使学生真学、真知、真懂、真用，成为合格的可靠人才是当前思政课教师的主要目标。

在大学思政课教学中引进对分班教学，是贯彻落实中央全会精神、深化思政课教学改革、构建形式多样、内容丰满、教学相长的本科思政课教学模式的一种创新探索。

一、对分课堂的内涵

对分课是张学新于 2014 年在复旦学院实行的一种新型的教学方式。所谓的"对分"就是将课堂的时间一分为二，一部分是老师讲解重点和难点，一部分是由学员们自己进行的。当前我国大学普遍采用讲授式、讨论式和混合式的教学方式，而对分式的课堂是属于混合式的。

在过去的教学模式下，老师们都是在课堂讲解，而同学们则是全班聆听。这样的教学模式，在理科、工科，甚至是纯粹的理论性学科中，都能起到很好的作用，节省了大量的时间和金钱，让学员们可以专心地研究，然后在课堂上进行分析和归纳。但是，思想政治教育的本质是把理论性与实践结合起来，同时又具有即时性的思考能力。所以，在教学中，学生的理论难以立刻与现实相联系，这就导致了许多思想政治老师虽然教学能力极高，理论知识渊博，但学生们并不爱听，给人一种"刻板"的感觉。

另外，有些老师主要是青年老师，他们常常采用"讨论性"的方式进行授课。比如讲故事、辩论赛、情景剧、模拟法庭等各种教学方式，使整个教室洋溢着欢乐的气氛，使学生们的参与感更强。然而，这样的研讨式的教学方式常常会占据很多的教室，在"欢声笑语"之后，学生们在教室里得到了什么？没有任何理论的引导，无论多好的形态都是一种表象，只有把好的理念和形态的完美组合，它的盛开才会更加美丽。

所谓的混合教学，就像它的名字一样，在教室里讲授和讨论。那么，混合教学与分层教学的相似性和不同点又是什么？

二、对分课堂的特点

根据本人多年的实践和对广东省一些大学的实地考察，思政课程的特点需要老师在课堂上进行严格的理论讲解和学生主动的互动，这也是传统的混合式教育方式。也就是老师在学期开始时将同学们分成小组，同学们根据小组的不同，共同完成资料收集、整理内容、制作课件、撰写讲稿以及登台表演。在舞台表演前，团队作业可以是同学们分工协作，也可以是"搭便车"，只有一小部分同学来做。在分组表演结束后，老师会根据每个同学的作业情况给出分数。这样的教学方式，从一开始就是好的，老师讲授知识、学生分工合作、分组点评，但实际上，这种"学生与老师之间的交流"的教学方式却有很大的问题。

（一）传统教学模式的弊端

在以往的教学中，老师上的第一节课是老师的理论课，第二节课是给同学们做演示的，但是由于班级的分配都是在学期开始之前就准备好的，所以老师们所说的和班级里的同学们所说的并不是一回事。也许会有人提出这样一个问题，那就是老师所教授的内容和同学们所说的内容是一样的？

那么问题就来了，他们在讲课之前就已经做好了准备，也就是说，他们所做的，就是他们在自学之前，将自己的知识融会贯通。虽然也有一些灵活多变的同学，很快就把老师所说的东西塞进了自己的班级里，但这种人却是少之又少，因为课堂上的东西和讲义，让他们的想象力受到了极大的局限。有些时候，学生们在课堂上所说的与老师所说的不一致，这与他们的目的背道而驰。

在这一点上，同学们在台上表演，而下面的同学们在干吗？上课时，同学们要么打着电话，要么读着课外书籍，还有人常常逃课。大多数老师对教室纪律漠不关心、听之任之，只要能让孩子们安安静静地听，最后通过了测验，那么，教育目标就实现了；有些老师为了按时上课而不顾上课时间和上课的规矩，把同学们的实际情况安排得井井有条，但因为各种因素的制约，很多时候都是走过场，发挥不出应有的效果。也有一些精彩的表演会引起台下同学们的关注，但是更多的时候，团队表演会成为台下的同学们放松的时候。这是因为台上的同学并没有引起学生们的注意，也没有引起学生们的关注。唯一能引起所有人注意的，大概就是老师们演示完了之后的评价了。集体表演也成为"小锅饭"，这与启发式的教学目的是相悖的。这时候，分组教学的好处就体现了。

（二）对分课堂的特点

根据王海明《伦理学原理》所述的关于人的学习历程，王海明将其称为PAD教室。

所有的讨论都必须在授课结束后进行，这样老师的授课，才能发挥出最大的作用。但是，这也是一个不可忽略的因素，就是内化。内化指的是，学生可以自主地感受到所包含的东西，并且以外在的形式表达，这是一个相互联系的过程。所以对分教室可以分为三种形式：即当堂对分、隔堂对分和混合对分。选择何种形式的对分法，要看课程的时间和内容，但是可以肯定的是，它必须是在授课之后才能进行的，而且要有一个整体的学习流程。参加这次的讨论，并不局限于团队的成员和老师，而是针对所有的同学，这就是一个全方位的、全面的教育。接下来，我们要做的，就是将这些问题分解开来，这并不是简单的表达自己的观点，而是要提出问题，并且试图解决这个问题。而这次的会议，应该是在全班进行，而那天参加会议的人，才是真正的"教师"。

现场的同学们会先讲自己所呈现的东西，或是与之有关的东西，或是由团队的成员来回答，或是由不属于团队的人来回答，老师们可以提供整体的知识指导，也可以一起参加。学生们的问题、解答和意见，都会被纳入到他们的考试中。每次的讨论都会影响到本科目的最后分数，从而激发同学们的学习热情。同时，在讨论时，要适度地拓宽讨论的领域，使同学们能够大胆地在教室里发表自己的观点，从而在探讨中实现对对人进行教育。

（三）对分课堂与翻转课堂的整合

在这种情况下，有一种非常类似于"互动式"的教学方法，即"倒置"。这一新型的教育方式的发展得益于网络技术在传统的教育方式上的创新。所谓"翻转"，就是指所有的同学都会在上课之前，先看老师的录像，然后自己学习、自己动手。回到教室以后，老师们将注意力从单一的授课，转向了与同学们的交流，查看他们的课，探讨他们的重点和难点，以及他们在学习中遇到的问题。翻转教学模式的出现给师生带来了很大的困难。尤其是老师。在教学实践中，教师不但要让自己积极、自觉地把课余的时间用于学习，还要从自己的观点出发，并不断地积累自己的知识。学生们在上网课时，就会在教室里向老师们解释一些关于他们在课堂上遇到的问题，所以老师们必须要有很好的理论基础和很好的随机性。毫无疑问，翻转式课堂突破了时空的限制，使课堂的教学质量得到了显著提高。所以，对分班和翻转班的区别和优点是什么？

事实上，对分班教学的引进要比翻转课早得多，从某种程度上讲，它也是吸取了翻转课的优点。这两种教学方式都有其突出的特征，即教育的对象由单一的老师转变为以学生为主导的、引导的、辅助性的教学，这也是近几年教育改革的主要方向和总体目的。"要我学"与"我要学"在教育领域取得的成效，在教育界是截然不同的。因此，翻转教学与分层教学实际上是可以结合在我们的思想政治课程中的。就拿 2020 年上半年的流感来说，我国大部分的中小学校都采用了"停课不停学"的方式，也就是通过网络进行"云上课"。"直播"的授课方式与我们的传统教室差不多，而"视频＋现场"则是一种类似于"旋转教室＋分层教室"的结合。随着当前形势的好转，网络教学将逐渐向传统的课堂渗透，"翻转"和"对分"的融合将是未来的一种趋势。

三、对分课堂运用于高校思政课教学中的意义

随着"云时代""自媒体"的到来，高校的思想政治教育也步入了一个新的阶段。大学生在思维上已经不是"小白"了，他们对党、对国家、对社会主义都有自己的认识和体会。由于互联网上的虚拟和真实，使得大学生对其真假难辨，对高校思想政治教育的教学工作有了新的认识。

思想政治教育是培养合格的社会主义接班人的重要基地。而对这些热点问题，我们身为大学思想政治理论工作者，必须坚守自己的立场，要以事实为依据，用辩论使其深入人心。在此基础上，教师要在教学中充分地尊重和给予他们相应的权力，使他们明确自己的职责，使他们充分地认识到自己的角色，并使他们成为一名"服务者""参与者"和"引领者"。当前，我国的"双班"课程被国家教育部网络培训机构列入了"网上培训计划"，因此，采用"分层"的教学方式是十分必要的。

（一）全过程育人的重要载体

"在中小学开展'循序渐进、螺旋上升'的思想政治理论课程是十分有意义的。"习总书记提出，在我国各大中型学校都设立了专门的思政课师资

队伍，因此，高校的思政课师资队伍必须要有一个突出的特点。如果说中学重视对知识和对党的热爱的教育，那么，大学思政课程的核心在于创新思维、大局思维、历史思维、底线思维和辩证思维，并善于运用所学的理论，对当前的社会问题进行理性的分析和评述。这种分层教学，更像是老师和同学一起授课，再加上集体的讨论。"让学生发现问题、分析问题、思考问题，让学生在不停地灵感下，掌握知识。"高校学生不仅要有知识，还要有理性思考、有价值观、有感情。我深信，习总书记的这个提议将随着对分班教学的普及而真正落实。

（二）全员育人的重要载体

孔子在 2000 多年以前，就已经有了"有教无类"的思想。天才往往是专门的，而非全能的。事实上，有不少同学并不是不想在课上发表意见，只是担心自己答错了之后会害怕。以往团体演示时，他们更倾向于收集材料，或是做一些课件，欣赏讲台上的同学能很好地发表自己的意见，我们应该给予他们一个发言的平台。而另一批则是一脸"与我无关"的学员，他们对自己的组队表现置若罔闻，只当是一种享受，老师有责任让他们知道，天下没有白吃的午餐，只有靠自己才能拿到高分。也有一部分人因为被某些虚假的信息所迷惑，对政治有了质疑，但又不能肯定，他们很害怕别人会用奇怪的眼神看着他们。他们不是"废青"，也是有理想的年轻人，要让他们有勇气说话，了解他们的内心。我们要向他们展示中国特色社会主义的优势，向他们展示中国共产党对他们的忠诚，向他们展示他们在资本主义民主下的虚伪和黑暗。为了达到这种目标，分层教学是一个很好的工具。

（三）全方位育人的重要载体

分层教学，既是老师，也是学员们的一大挑战。对于老师来说，一方面要丰富自己的基础知识，另一方面又要应付来自网络和图书的大量信息。特别是与思想政治教育紧密联系的国际和国内的情况和方针。其次，老师要有一定的随机性，将学习的主动权交给同学，既是对自己的一种信心，又要有一种对学生的信心。老师与同学之间的关系是基于知识、能力、魅力而不是力量，这是一名优秀的老师必须具有的素质。

对自己的学生也是一样。在实施分层教学时，还必须掌握大量的知识和材料，才能做出有意义的判断。同时，通过这样的方法，可以使学员的语言表达能力、组织能力和应变能力得到进一步的提高。这就是《礼记·学记》所说的"先学而知其短，而后知其难"的道理。知道了自己的缺点，才能改变自己；知道了自己的烦恼，才能变得更强大。所以说，教育是要互相促进的。是这一观点提出的意义所在。

事实上，从对分班的概念被提出并应用于课堂上已经有好几年了，而且这种教学方式也被老师和同学们所接受。然而，随着社会的发展，没有哪一种教学方式能够长久，必须顺应时代的发展趋势。采用对分课堂教学法，虽然在教学中的教学时间减少，但是在教学的进程和效果上，学生的参与程度有所提高，教学效果得到提高。所以，我们有充分的理由认为，对分班的教学将是一种新的思路和方法。

第四章　当代大学生思想政治教育的学科经验借鉴

第一节　大学生思想政治教育对相关学科理论成果的借鉴

通过学习国内外有关学科的最新研究成果，从整体上进行研究，既可以促进高校学生在新时期的发展和改革，又可以促进科研人员的素质提升。

一、对教育学的借鉴

思想政治教育学和教育学都是从教育学科系统中分离出来的一门学科。

（一）借鉴教育学揭示教学规律的理论

教育学认为，教育活动必须遵守教学法，而"教法"是一种内在的、不受人的主观意愿影响的、具有内在意义的关系。

1.掌握传授知识与思想教育相统一的规律

在教学中，不管是什么学科的教学，都会对学生的思想感情、立场、意志和道德品质产生影响，从而使学生能够真正地提高道德修养。此外，教师的人格特征，如思想品质、言谈举止、风度气质等，都会在不知不觉中对其进行教育。所以，在教育工作中，老师要做到严格、规范、以身作则，以自身的实践活动来塑造学生的品德和行为，做到知行合一、言行一致。

2.掌握知识和发展智力相统一的规律

学习和发展智力、能力培养是辩证的关系，如果仅仅注重其中一项，那就是不科学的，因为单纯的提高或仅仅提高智力都很难提高学生的整体质量。高校学生的思想政治操作要遵循教育科学的根本法则，既要重视对其进行基础理论的灌输，又要强化学生的实际操作技能。

3.掌握教师主导作用和学生主体地位相结合的规律

在"教"与"学"相结合的过程中，要充分利用自身的主体地位，以"主观"为指导，以"以人为本"为核心。在课堂上，教师的领导力与学生的主导性之间存在着辩证关系，但在一定程度上，老师仍能充分调动学生的主动性，从而起到引导的作用。

（二）借鉴教育学论述教学方法的理论

在教学与学习相结合的过程中，老师要在课堂上发挥自己的领导地位，根据客观规律来指导学生学习、认识、实践，从而使学生学习热情得到最大程度的调动。目的，是为了实现公共的教学任务而在课堂上使用的各种途径和手段的统称，是由老师传授的，也是由老师引导的。很多教学法都是很好的教学手段，很有价值。

1.讲授法

课堂教学是指老师用口语表达情景、叙述事实、解释概念、论证原理、说明规则的一种教学方式。课堂教学是老师们最早和最广泛应用的一种教学方式，而其他的教学手段的应用也往往与课堂教学相联系。高校的德育工作者要注重提高自己的口语教学技能和语言技能的质量，也就是所谓的"嘴皮子"，这样才能取得较好的教学成效。

2. 参观法

参观法是根据教学目的和教学任务的要求，组织学生到一定的校外场所，使学生通过对实际事物和现象的观察、研究获得新知识的方法。旅游是把大自然、大社会作为一种生动的教材，它可以突破教室、课本的桎梏，把教学与生产生活紧密地结合在一起，从而达到很好的教育作用。高校的思想政治教育工作者要认真学习，充分利用"走读"教学的特色，积极组织革命传统教育、正反典型教育、改革开放成果展等，使教育活动更加鲜活，教育更加有效。

3. 讨论法

讨论法是一种在老师的引导下，班级或团体就某个核心问题进行交流、群策群力的方式。同时，高校的思想政治教育工作者也应该以"以己为鉴"的研究法为指导，充实自己的实践，并就有关的热点、难点、疑点等问题进行研讨，使其在群体教育与交流的同时，更好地进行有效的自我教育。

二、对政治学的借鉴

（一）借鉴关于国家与政党的学说

国家和政党学说是政治学的主要内容，马克思主义的国家学说和政党理论是确定思想政治教育任务和内容的重要依据。

1. 国家的起源、性质、功能和消逝

马克思对民族的根源进行了全方位的研究，对民族的实质进行了深入的揭露。民族是一种历史的概念，是在经济发展到一个特定的时期，社会分化为不同的阶层而形成的，是一个无法解决的阶级冲突的结果。政府的实质就是支配着经济的社会阶层。政府既有国内的功能，也有国外的功能。政府内

部职能包括政治、经济和社会三个方面。它在对外活动中起着维护国家安全、开展国际交流和参与世界政治和经济活动的作用。马克思把民族视为非永久存在，而当阶级被摧毁时，民族必然会随之消亡。

2. 政党的概念和分类

政党代表着一定阶级，或集团的基本兴趣，他们是一群最活跃的成员，他们具有相同的政治理想，为了取得和加强统治而团结在一起。按照不同的划分，可以把党按阶级性质和阶级依据划分成无产阶级政党和资产阶级政党；根据政党的执政能力，可以分为执政党、反对党和参政党；根据其法定身份划分，将其划分为"法定党派"与"违法党派"；按其运动领域划分，可划分为内部党派和国际党派同盟。

（二）借鉴政治学关于政治生活内容的理论

人要通过具体的政治活动来提升自己的思想和能力，对其进行全面、深刻的分析，从而使其更好地把握其内涵，完成其使命。

1. 政治秩序和治理

政治秩序是指人民根据政治共识、政治和法律体系进行政治活动的一种状态。政治秩序是以政治统治的形式表现出来的。它不仅包含了传统上对政治制度的控制，也包含了对经济和社会发展的控制。

2. 政治参与和监督

政治参与是指由人民群众以某种途径，对政府的组成、运作、决策或公众的政治生活产生的直接或间接的影响。政治监督包括政治监察和社会监察，它是在行政工作中，为了确保公众权力机构能够按照其职责和程序进行正常运作，并对其进行监视、检查、控制和纠错，其实质就是以权利约束权力，防止其侵蚀。"三权"是指对政府之外的其他社会团体和个人进行的一种监督。

它的监督对象范围很大，它的民主化程度也很高，尽管没有任何的法定效果，但是它的功能却很大。

三、对心理学的借鉴

心理学是对人类心理现象、心理过程、人格心理和发展的规律进行研究的一门学科。大学生的道德修养也是一种心理活动，因而，心理学对于认识大学生的道德行为具有重要的现实指导作用。精神品质是思想道德品质的基本前提和基本组成因素。本节从理论上分析了当前高校学生在学习过程中存在的问题。

（一）从心理学的心理活动历程中吸取教训

心理学是以人的心理现象为研究对象的，它是人的心理活动与个体心理的统一。心理活动过程是人的心理活动发生和发展的过程，包括认识过程、情感过程和意志过程，反映了人们心理活动的共性。心理学注重认知、情感、意志三者的有机统一，从而使其具有良好的人格，而高校的德育工作重点在于"晓之以理、动之以情、导之以行、持之以恒"这一工作方式。

1. 认识过程理论

认知的进程是人在不同程度、不同层次、不同层面上对事物的认知历程，也就是从感性认知到理性认知的发展历程。

2. 情感过程理论

人不会对事情漠不关心，也不会冷酷无情，总是会随着认知的发展而形成不同的心态，从而产生相应的情绪经验，如喜、怒、哀、乐、爱、恶，这些情绪的经历就是情绪的历程。

3. 意志过程理论

我们在与大自然互动时，往往基于认知，由情绪驱动，按照其发展规律，有意识地确定目标、制定计划、调整行动、克服困难、实现目标，把客观的事情按照自己的意愿发展，这就是我们的意愿。

（二）借鉴心理学关于个性心理形成与发展的理论

1. 需要动机理论在大学生思想政治教育实践中的运用

需求说：人类所有的行动都受到了直觉需求的直接激励。人类有自己的需要和动机，但更多的时候，人类会根据自己的需要和动机来调节自己的心理。从心理需求的角度来看，在当今的时代背景下，如何最大限度地解决人民的物质需求和心理需求，是高校学生的主要任务。高校学生的思想政治工作若偏离了其根本宗旨，偏离了人民群众的物质需求和心理需求这一根本准则，必然会变得薄弱、没有吸引力、没有说服力，进而会对其产生负面作用。高校管理人员在制定高校学生的工作计划时，一定要深入地分析和理解被访者的心理特点和个性需要，以便有计划地进行思想政治工作，以取得最佳的教学成果。

2. 个性心理形成与发展理论在大学生思想政治教育实践中的运用

不同的人都会经历不同的心理过程和心理活动，但是不同的人的思维和行动也会有所不同，我们把这种不同的人的不同心理称之为人格，这种人格的形成是一种相对固定的、模式化的，可供人们进行行为的研究。通过大量的教学活动，充分认识和掌握学生的个性心理和发展的特点，有利于因材施教，充分发挥学生的潜力。人格的产生与发展是由多种因子相互作用而产生的，它是由个人的基因、特定的环境、受教育条件等因素共同作用而产生的。

高校学生在进行心理健康教育时，要充分关注其发展的心理学原理，认识其影响的多种因素，以达到更好的教学效果。

四、对社会学的借鉴

思想政治教育学是把人类思维活动的演变和实践的规律结合起来，引导人们进行正确的思维和行动的科学。但是，作为一个复杂的社会体系的一个子系统，它并不是一成不变的，它所产生的种种现实问题也并非是完全独立存在的，必须将它置于一个大的社会环境中去，对它进行正确的理解与运用，从而能够有效地处理各类现实问题。多元主体的多元互动，在高校的发展过程中起着举足轻重的作用。社会学是以特定的视角或侧重于社会与人之间的综合考察，也就是研究社会问题的一种学科。其涵盖了人类社会的各个层面，包括了各种社会、文化和思想。大学生的社交与人际、社团、青年问题、家庭问题、犯罪问题等都与其教学的方式、内容有关。这些理论在许多领域可以被我们的思想政治课所吸收和运用。

（一）对社会学社会化的研究

社会学所关注的人的社会化问题与高校的思想政治工作有着内在的联系。高校德育工作必须完成高校德育教学工作，即高校德育工作必须完成的重要工作。高校的德育工作仍是社会化的一种主要途径，它有助于大学生确立崇高的人生目标，培育良好的品德，从而使其具有明确的社会责任和行为准则，使其实现全面的社会化。

1. 社会化的定义和途径

社会化是个体由"生者"发展到"社会人"，不断认识社会、适应社会，形成、发展和完善自己的个性，并对社会做出主动的贡献。社会化的根本路径是社会的启蒙与个人内化。社会化，也就是所谓的"社会教化"，是指社会以社会化为媒介，以实现个人的社会化。个人内化是个人把社会的教育活动转变成自己的行为方式、个性特征和思维方式的一个重要环节。

2. 社会化与个性发展

个性发展是个体生理素质、心理素质、思维方式、行动方式等方面的全面和自由发展。马克思把人格的完全、自由发展作为人类整体发展的一个关键因素，从某种程度上说，人类的发展就是个性的发展。在个性的生成中，生理因素和心理因素都起到了媒介的作用。社会化是人的个性生成和发展。

个性发展是个体与社会互动的结果，个性发展包含了个体自觉发展和伦理自觉发展，这些都是人类社会化过程中的一个主要环节。

（二）借鉴社会学的研究方法

社会学的方法论是社会学学科中最主要的基石，也是社会学与其他社会科学相比具有独特和优越性的学科。社会学在社会调查、统计等方面都有较为完善的方法，其中包括抽样调查法、统计推论法等，为高校学生进行科学的思想政治教育提供了有益的参考。

1. 调查表

问卷调查是一种以问卷调查为基础，按照所提出的问题与计划，设计一组问题表格，让受试者作出答案。问卷的基本构成为：问卷题目、问卷填写说明书、问卷主题内容、实施记录。调查的形式分为两种：公开的和封闭的。

2. 抽样法

抽样法是根据所要考察的所有的个体单位，根据一定的科学原理和计算，采用随机抽样的方式，选取个别的个体进行问卷调查，获取数据，从而得出整体的统计特性。随机抽样的组织方式可按对象的特点、数量等因素而划分为简单随机抽样、分层抽样、系统抽样、多阶段抽样等。

3. 文献法

社会调查中的资料，是与社会调查的对象相关的所有书面资料。文献检索是对收集到的材料进行提炼、筛选、抽取、整理和分析的一种方法。论文质化的基本过程为：选文、对与课题相关内容的分析、对课题进行阐释。

4. 访谈法

访谈法是一种以访谈方式收集调查数据的方式。访谈方式有：个人访谈与集体访谈、一般访谈与深度访谈，访谈是收集资料的重要工具和辅助性方法。采访前要有充足的时间、制定调研计划、制定调研大纲等。

5. 统计学推理

统计学推理是指研究者根据抽样的统计结果，估算出与之相适应的各类参数，进而得到相应的数据。

高校的德育工作在借鉴上述理论的同时，还吸收了法学、管理学、系统工程等方面的理论。

五、对伦理学的借鉴

道德伦理是研究道德起源、道德本质、道德关系及其发展的法则、道德教育内容、道德教育原则和方法的学科。本节从马克思的伦理观出发，阐述了社会主义伦理的基本原理、基本规律和基本准则。

（一）借鉴伦理学关于道德人成长过程的论述

亚当·斯密指出，人在经济中，必然存在着自私的一面，但这并不是一种单纯的自我，而是一种同情。伦理中的"道德人"的发展历程，对高校德育工作中的德育目标形成具有较强的现实意义。

1. 伦理人格的塑造

道德人的产生是一个长期的历史进程。个人的认识程度和个人的初始行为具有一定的一致性，个人的内心自觉是个人实现伦理目标的动力，而个人的生存环境又对个人的品德有重要的作用，从而使个人的品德从幼稚阶段逐步觉醒。个人的道德觉悟到达了一个阶段，就会使道德人的形态和境界得以充实和提高。高校德育应该按照"以人为本"的原则来考察被试的德育主体的德育觉悟，以实现其所需要的道德水准。

2. 道德的自律与他律

在此期间，人们的品德发生了质变，从他律到自律。在这一进程中，伦理的对象会根据自己所认定的道德准则，对自己的思维和行动进行一定的限制和调整。自我约束是指人们能够真正地达到自己的行为，而自我约束的人就是具有一种品格，具有一种稳定和清晰的个性。道德人在自我发展中的自我约束与他律之间的联系，是德育工作必须注重对被教育者进行自我意识、自我修养和人格修养的培养，从而达到教育目标。

（二）借鉴伦理学关于道德教育的过程理论

德育的进程是对人进行有组织的、有计划的、有目的的道德教育，通过生命的活动，建立某种道德认识、道德情感、道德意志、道德信念和道德习惯的复杂的活动，其内容包括：道德认识的提高、道德情感的培养、道德意志的锻炼、确立道德的信念和培养道德的习惯。把社会主义与共产主义的伦理准则化为自身的内心素质进行培养，是高校德育工作的重要组成部分。伦理的德育进程论是对高校德育课程观进行的直接的理论参考。

1. 提高道德认识

人是具有一定理性的社会性生物，其行动受到其自身的特殊伦理知识的指引。要实现社会主义和共产主义道德的完美品格，就需要让人民认识和掌握其原则、规范和义务，从而实现道德的具体实施。

2. 锻炼道德意志

道德意志思想在塑造道德个性方面起着至关重要的作用。没有强大的内心，就无法在道德实践中克服种种障碍、舍弃自己的利益、战胜恶与私的欲望、使善与公正得以发扬，就无法塑造出一种理想的品格。

3. 培养道德情操

要发展个人的品德与个性，首先要从培育良好的品德情操入手。有了一定的道德认知，未必就会有相应的伦理情感。唯有在实际中，经过长时间的多个善恶实例的对照，使受教育者受到影响，才能使其产生较为稳定的道德情绪。

4. 确立道德信念

培养学生的道德信念，是德育工作的核心内容。有了牢固的道德信仰，即有了精神的支撑，人类的道德品质就会开始建立。

5. 养成道德习惯

德育的目的在于把"良善"的道德观念转变为"人的内心信仰"；"把善良的精神信仰"通过"具体的伦理实践"转化为"外在的道德行动"，并最终成为"个人"的一种"伦理"。一旦形成了一种道德的习惯，那么，人们就会习惯性地去遵循自己的行为，而不会违背自己的意愿。

六、对人才学的借鉴

"人才学"是对受教育者自身本质特征的改变进行分析，以发现其生成与发展的规律。从人才论的角度来看，人才观是一个培养和发展的动态过程。

人才的培养与高校的思想政治教育有着紧密的联系。高校思想政治教育十分重视"怎样造就一个什么样的人",其基本目标就是为国家和社会提供合格的人才。理解和把握"育才"理论,是高校德育目标的关键所在。

(一)借鉴人才学关于育才的理论

1. 借鉴个体人才成长发展的过程和规律的理论

人才学的理论认为,人才是人在某一时期成长起来的必然结果。个人的发展历程有其运作阶段,大致可分为内部素质优化阶段、外在活动质变阶段、社会认同阶段。内部质量的优化是指人的主体活动,实现德、识、才、学、体五方面的综合能力;外部行为的质化是指通过创新的工作获得创新的结果;社会认可是指对人才的质量和成就进行社会认可的一种行为。社会认可了成才主体的素质和成果,就意味着成才的进程已经完成,而到了发展的时候,才能真正展现自己的才华。在几次的社会认可之后,才能从低等的人走向更高的层次。人力资源的调查也发现,个人天才的发展具有一定的规律性,可以归纳为:"行之有效法则""顺势成才法则""和谐成才法则""综合发展法则""积累法则"。此外,个人天才的发展也存在着某些特定的法则,例如:"纵横成才律""扬长成才律""聚焦成才律"。高校的思想政治工作可以从个人的发展历程和发展规律中,科学地认识、分析和把握大学生的发展历程和发展规律,从而真正地促进社会主义的全面发展。

2. 借鉴人才的素质与开发理论

人的素质是由天赋作为基础的。不同的是,高水平的人才需要更高的质量,更大的潜在能量,更多的可创造的财富。人的质量是一个多因素构成的组织,它包含了生理学和心理学两大类,而心性则可划分为智力和非智力两大类。智力素质体系分为两大部分:一是知识体系,二是能力体系;培养人的质量，是对其基本原理、结构和功能的基本理解和把握，从而使其得到更好的发展、更好地实现其自身的功能和作用。高校的德育工作可以有效地吸收和运用"人才质量"和"发展"的理论，对高校学生的综合能力进行综合分析，并采取有效的激励和指导措施。

3. 借鉴人才成长和发展的环境理论

人才的发展离不开周围的条件。马克思的"生态"理论揭示了人类与自然之间的紧密联系，因此，"人文"与"生态"之间的联系就显得尤为突出。人才的生长是所处的空间、时间等各种外在要素的综合作用。按照不同的准则，可以把人的生长环境分为大环境、亚环境和小环境、自然环境和社会环境、历史环境和实际环境、主动环境和被动环境、国内环境和国际环境。社会环境包括社会经济环境、政治环境、文化环境、家庭环境、校园环境和社区环境。在这种成长的条件下，人才成长具有支撑、约束、塑造、激励等作用，而在成长过程中，也有能力去了解和改变自己成长的条件。对高校学生的发展环境问题进行了深入的探讨，可以为其提供一些有益的参考。

4. 借鉴人才社会承认的方式理论

人才的社会认同，是对其自身的发展给予社会的肯定和认同。在人才的发展中，社会认同是关键的一步，只有得到了社会的认可，才能把潜力转化为显性的人才，才能实现底层的人才向高水平的人才的转变。不然，就会被忽略甚至被埋葬，而无法发挥其真正的作用。

社会认同可以有很多方法来实现，包括传播型、认定式、颁奖仪式、规范性评判和选举式认可。在对人才的认同过程中，要充分了解和理解、认同各种因素，促进其科学发展。高校的思想政治工作在探讨其自身的教学活动的价值时，还应从对其所受的教育目标质量的认可度的衡量来进行。

（二）借鉴人才学关于用才的理论

1.人才的识别、选拔和考核理论

正确识别和选拔人才，并对其进行评价，是人才的有效运用和选拔人才的关键。人才选拔也叫"人才甄别"，要坚持灵活多样、不拘一格的方针。人才选拔是在特定的条件下，根据特定的条件，通过特定的程序和手段，从特定的领域中挑选出最杰出的人才。选材要遵循"德""务实""竞争""公开、公平""柔性"的原则。人才评价是对工作中的优秀员工，运用某种评估手段和流程，对其进行综合评价。人才评估主要是对人才的德、能、勤、绩、识等方面的客观描述以及人才的优点与不足的评估。

2.人才的使用原则

人才使用原则是在任用、配备和使用人才的过程中遵循的基本要求和准则。其内容有宏观的党管人才原则、人才配置和利用与经济发展协调、人才宏观管理和市场配置人才的原则，以及宏观的用人单位任人唯贤、尊重信任、用养并重、扬长避短、激励、择优汰劣原则。人才使用原则，为高校的人才培养工作提供了许多可参考的知识。

第二节　大学生思想政治教育对我国思想政治教育经验的借鉴

一、传统文化之中的思想政治教育智慧

在进行思想政治工作的同时，必须把中国的传统道德理念和中国传统美德结合起来，激发当代大学生对中国传统文化的继承和发扬。

（一）先秦时代的思想道德教育理论

1. 先秦时期我国主要的思想流派

在殷商时代，为加强自身的政治地位，从理论层面对伦理问题进行了探讨。周公建立的以"孝"为中心的父权政治伦理思想，在中国以后"孝"文化的发展中具有重要的地位，周公建立的"孝"文化的中心是"父爱、子孝、兄友、弟恭"，并在这一理念的指导下，形成了"修德配命"和"敬德保民"的道德和治国理念。

春秋战国时代是我国历史上一个极其动乱的时代，它催生了我国文化、科技、哲学等方面的"大繁荣"。其中以儒家、墨家、道家和法家的学说最为突出。

儒家思想是以孔子的理论认识为基础发展形成的，为封建的地主阶级伦理奠定了坚实的基石。孔子的"仁"观念是儒家思想的中心，在其门下和后代的不断继承和发展下，形成了封建社会政治制度的基本理论依据。孟轲与荀况作为儒学的继承者与发扬者，在对孔子的基本学说进行了深入的探讨中，使孔子思想得到了全新的阐释，从而使其思想更加完整。先秦儒学以"仁"为中心，提倡"以德治国"。

墨家思想是中国古代完整版的辩证唯物主义。"墨家"思想中蕴含着浓厚的"实用"思想，主张勤奋、严格自律，把"坚持正义"视为"神圣职责"。"兼爱"和"非攻"是墨家的核心理念。与传统的宗亲礼法相比，墨子提倡"以仁为本""贵义尚利"的实用化特征。

老子和庄子是道家思想的代表，他们与儒家、墨家不同，他们崇尚仿照自然、崇尚隐逸，与世俗伦理、伦理准则背道而驰，表现出与人间生命格格不入的"非伦理"心态。当然，道教超凡入圣的生活态度也对后人有很大的冲击。

法家的学说曾经是封建时代的一种主宰，其性质可划分为早期与晚期。早期的法家主张"以法治天下"，但又要以德治为重，这一阶段的法家主要以管为典型；韩非子是晚法派的代表，他的思想较为极端，比如"以法代德"，其本质上是对道德在现实生活中的功能的否认。

中国古代的道德观念是建立在先秦道德的基础上的。这一时代的思想，尤其是儒教的某些思想，不但对当时的社会有很大的冲击和影响，而且对以后的很多思想也有很大的冲击。

2. 孔子的德育思想

孔子道德教育是中国古代道德教育的重要组成部分。但是，在这个大转折的时代里，他的道德教育思想常常遭到质疑、抨击，乃至被推翻。在社会安定的时候，他的道德教育理念不断地被注入新的内容，不断地修改、充实和重塑，最终形成了被统治者们所崇尚的一种"道德"。在孔子的思想与教学实践中，他认为道德是一切的根本，他提倡德教为先、以教为先、以德为本、以"人"为根本。归纳孔子道德教育的三大理念：

（1）以德教为先，以教为先。孔子在夏、商、周三代的教育学基础上，强调以人的品德修养为主要的德育。孔子主张以品德高尚的人作为教育的终极目的，而德育则是贯穿于整个教学活动的始终。与其培养一个人的正确的政见相比，他的品德教育更为关键。在孔子的教学实践中，他明确了德育的具体目的，并确立了德育的使命："仁智统一""内圣外王"，也就是孔子所追求的崇高品格是"圣人""贤人""志士""仁人""君子"等。"圣人"是最高的，而"君子"是最低的。孔子关于"君子"的道德规范可以概括为："君子"必有"仁德"，"君子与人"，"闻"之"达"，"德"之德；君子应"安人""安百姓""修己"。

（2）仁德之道，明理之行。孔子在德育的内涵上作了全面的规划，而与"仁"相一致的行动则是伦理的行动。"仁"是所有美德的总和，它的精神内涵是"爱人"，以"义"和"礼"为其根本条件，"孝悌"是其实践纲领。"仁者爱人"，即一个有道德的人，常常会对别人怀有一颗慈悲之心。他可以爱自己，也可以爱自己的家人，也可以爱别人，这就是所谓的"博爱而亲善"。孔子相信爱情是因人而异的，也就是人们要以不同的方式去看待。子女们对父母的关爱是最高的，也就是所谓的"百善孝为先"。其次是父母对子女之爱。在对自己的父母尽孝的同时，也要对自己的兄弟情谊深重。自己和哥哥是同一父母亲，若不能亲如一家，便无法对父母亲尽孝。"礼"是继"孝悌"之后的"仁"。"孝"是一种关爱家人的情感，而"礼"是一种尊重家人的情感。"义"是一种仁爱，即对朋友的仁慈，其实质与"孝"一样，但在一定的范围内又有所不同。

（3）以人为本，因材施教。第一，实际教育比口头教育更重要。孔子在实际教学中对自己的行为很重视。孔子说："他的身体是正直的，但是他的行为是不允许的；他的行为不端庄，那么他的命令就不能服从。若不能以德服人，又当如何？"由此可以看到，孔子提倡教育要以身作则，不能仅为人所知，而必须要做到。这就是所谓的绅士风度。孔子非常重视榜样的示范，其效果不可取代，而实践总是比言语更重要。第二，以德治国。孔子主张，"言而不能言"，要指导孩子们的言行，教师本身的教育也很关键。孔子以此为中心，制定了一套自我修养的途径。①要学习和思考。在修炼上，孔子非常重视"学"与"思"，提倡"学"和"思"相统一，即"不思而忘，不能忘"，两者相兼，方能取得很好的修养。②自我克制与反省。反省即是一种自身提高和一种伦理经验，身为一名德育活动的人，必然要经历一些人生中的道德现象和道德行动，从而获得某种人生的感悟。孔子非常注重德育的主体性，它是以自身的内观来完成的，需要靠自身的奋斗来提高德育的内部力量。③把自己放在别人的位置上。孔子在德育中倡导的是"仁慈"，也就是"为人处世"。人的本性都是一样的，自己想要什么，就用什么。也就是说我们要多做实事，少讲些虚的东西，把这些原则贯彻到实际中去。④根据学生的特点进行教学。孔子"因材施教"思想的内涵包括两个方面：第一种是为不同的教学目标灌输不同的教学内涵；第二种是根据不同的目标实施不同的道德规范。个人的个性、经历和对信息的敏感度是不一样的，而对于个性和智慧层次的人来说，教育方式也是不一样的。⑤激发性的教学。孔子最好的教育经历是：启迪和引导。孔子是当今教育历史上首位倡导和应用启迪诱导的教育者，孔子倡导在讲授的时候，要抓住恰当的机会，适时地传授知识，而在学生思考问题的时候，老师会适时地给予启发，这个问题的核心在于调动学生的积极性，使其形成一个积极探究的过程。同时，要避免"填鸭式"的教学，要注重教学的趣味性、教学手段的恰当运用、掌握学生的思想特征、培养他们的品德意识、培养他们的道德情操、培养他们的内省力量。

（二）秦汉时期的思想道德教育理论

在这个时代，中国的传统道德观念已经成为儒学的主宰。秦王朝成立之后，统治者汲取了法家"专任刑法"的法律理念，采取严厉的法律手段来维持统治，并加强了国家的统治。以秦代为代表的汉人，认识到严厉的法律制度并非是一剂强身健体的良方，而是以道德和教化作为统治人民、稳定社会的根本，所以，儒家的学说才逐步走进了统治者的视线，并在封建社会中形成了统治的观念。西汉前期，为了使人民生活得以恢复和发展，统治者们崇尚"无为而治"，在经济形势有所改善后，汉武帝接受了董仲舒"革除百家，唯我独尊"的主张，把以"仁"和以"德"为中心的儒家伦理学推向了高峰，并一度形成了上层阶级的统治理念。孔子道德观念的"唯我独尊"，既顺应了当时的需要，又与统治者的意志相一致，这是对"一统天下"的道德支撑，也是后世帝王推崇儒学的重要根源。董仲舒的儒学并非纯粹的儒学，它是在孔孟学说、道家、法家、阴阳五行学说和宗教思想中，结合了孔子学说和法家学说，从而产生了一种具有针对性的思想观念。他的观念与以前的儒学仍有很大的区别，儒学认为皇帝代表着上帝的神权，肯定了封建主义的君权。董仲舒把"天道"视为"人道"，把"德治"和"仁政"当作王道的基本理念。儒家伦理是封建王朝统治阶层的一种传统的道德观，它在人类的社会中有着举足轻重的地位。

（三）魏晋南北朝时期的思想道德教育理论

汉代后期的魏晋时期，由于国家分裂、社会动乱、"九品中正"的实行以及世家大族的腐败，封建主义的神学学说在社会上的作用越来越小。但在统治阶级的需求下，为了维持自己的权威，以宗教为媒介，将宗教视为铲除异己、镇压群众的手段，并以名教的名义，寻求新的理论基础和发展，以此来掩饰自己的荒淫无耻的堕落。由于中国经济的转移、民族融合、文化交流和教育改革等原因，"玄学"的产生适应了封建贵族阶层需求的"三玄"，也就是《老子》《庄子》和《周易》，而在伦理学层面，则着重于"名教"和"自然"的结合。

魏晋时期"玄学"的流行，使得佛教在"玄学"的影响下，也得到了广泛的推广。佛教讲求因果、重生，倡导"出世"，以求解脱，以求得道。由于佛教的理念与道教的"玄学"有异曲同工之妙，所以很多佛信徒都是通过"玄学"来传播。而在此期间，为加强自身统治、愚弄民众的需求，门阀世家也积极提倡佛教，使得佛教得到快速发展。同时，也有以范缜为首的"无神论"，从形神的联系出发，对佛教哲学的"神不灭论"进行了批评。另外，佛教与儒学的道义不合，从而导致了佛教与儒学的传统观念发生冲突。因此，佛教也致力于使儒释两法相融，并将佛教教义、佛教生命理念与儒教的伦理精神相统一、互补。总体而言，在魏晋之际，由于佛教的盛行，儒家、道教和佛教在道德观念上形成了一种错综复杂的关系。这一局面对隋唐道德观念产生了很大的冲击。

综上所述，从魏晋到隋唐，儒家、佛教、道教三者在不断的争斗中互相吸纳、融合，是其显著特征。

（四）宋明时期的思想道德教育理论

宋至明中期，儒家道德观与反儒家的斗争始终存在。宋朝以后，中国的封建制度已经步入了晚期，社会的冲突更加激烈而又错综复杂。外来势力的入侵，使得宋朝国家内部的矛盾愈演愈烈。在统治阶层中，大地主和中地主之间，也存在着相当大的矛盾。在强化君主的统治和满足大官僚的利益需求的前提下，统治者必须建立一套更为完善的、精细的伦理观念来调整各种社会的冲突，维持封建主义的道德规范，从而形成了儒家的伦理观念。儒家的道德观念可以分为两大流派：程朱和陆王。程朱学派是一元论的"理本派"，是一种客观的唯心哲学。他的道德观念是以程颢和程颐为基础的，是朱熹的杰作。陆王是以"心"为主体的唯心"心本派"。虽然理学道德的理论流派各异，但其基本观点却大体上是相同的。从根本上讲，《老子》赋予了孔子道德的完整的理论形态，并以一种全新的方式，再次赢得了"独尊"的位置。

以孔子、孟子为中心的孔孟思想，吸收了佛教和道教的思想，把儒、佛、道结合起来，把"理"作为最高的领域，把"存天理，灭人欲"作为根本的思想，形成了较为完整的封建主义思想，并把儒家的伦理思想推向了一个新的高度。"存天理，灭人欲"是当时理学中各个学派所共有的一种思维方式，旨在通过禁欲论来加强封建礼教，以对抗"均贫富"的农夫阶层，维持封建道德规范。"存理灭欲"是儒家道德哲学所提倡的一种完美的个性规范，朱熹主张以"居敬穷理"作为文人的"学""问""思""知先行"的方式来实现"知"。朱熹提出"博约相济、积累渐进、日用切己、温故知新"的道德修养原则，形成了儒家道德理学观思辨的理论体系。儒家伦理观中的"知行"之争，将传统的"德治"说推上了一个新的发展时期。

（五）明清时期的思想道德教育理论

中国的封建制度在明、清两代初期进入了发展的末期，并逐步衰落。明代中期之后，我国出现了资本主义的雏形，但由于封建主义的压迫，它的出现是不可避免的。封建王朝的高压政策和暴行，使等级的矛盾达到了前所未有的高度，最后，李自成、张献忠发动了一场大规模的农民暴动；满族的侵略，使得国家内部的冲突愈演愈烈，程朱学派所倡导的封建主义道德观，尽管依然保持着"正统"的位置，但是其专横腐朽的思想，不但束缚了人民的思想，还妨碍了国家的进步，造成了全人类的灾难。在这个特殊的时代背景下，李贽、黄宗羲、王夫之、顾炎武、颜元等一批具有较大影响力的革命性思想家，对程朱学派所代表的儒学理论进行了相当程度的抨击，对中国几千年来的儒学传统的支配地位产生了很大的影响。在伦理问题上，他们将道德与功利相结合，天理与人的欲望相结合。他们的批评焦点和立场不一，但都把程朱学派作为其批判的中心，具有反帝的启迪作用。这一思想对现代德育起到很大的作用。

二、中国共产党大学生思想政治教育经验的发扬

中国共产党一直非常注重学生的思想政治工作，从中华人民共和国成立至今，经过政府、高校的大力推动，高校的学生思想政治工作已经初见端倪，积累了许多有益的实践经验。

（一）紧密结合马克思主义理论中国化的新发展

通过对毛泽东的著作和毛泽东思想的学习，以毛泽东思想为指导，使广大学生进一步加强对反对帝国主义、封建主义和官僚资本主义革命斗争的认识，加深了对新民主主义革命与社会主义革命的认识，更加深刻地认识到社会主义制度的来之不易与中国共产党领导人民建设中华人民共和国所做出的杰出贡献。十一次三中全会以后，中国共产党以邓小平为核心，在实践上进行了解放思想、务实、坚持的理论，开辟了新的发展道路。邓小平同志是把马克思列宁主义的根本原则与中国实际、时代特点有机地联系起来的，是中国马克思主义发展的一个新的历史时期。通过对学生进行邓小平理论的教育，把他的理论进课堂、进教材、进学生头脑，使广大学生认清了"什么是社会主义、怎样建设社会主义"，增强了广大学生建设社会主义的信心。十三届四中全会以后，中国的共产党员们在江泽民的领导下，已经积累了丰富的执政实践经验，并在实践中总结出了"三个代表"重要思想。"三个代表"是中国马克思主义的新发展，高校在全国范围内，要广泛开展"三个代表"的教育，使学生们更加深入地了解中国共产党是中国工人运动的先锋，是中国特色的社会主义建设的先锋，是我们党的建设的根本。十六大以后，胡锦涛

作为中央领导集体，凝聚了全党的全部智慧，确立了以人为本、全面协调可持续发展的思想。习近平的中国特色社会主义思想是对马克思列宁主义、毛泽东思想、邓小平理论、"三个代表"思想和科学发展观的传承与发扬，是马克思主义中国化的最新成果，是我国和广大群众的实践和集体智慧的集中体现，是中国特色社会主义理论的重要内容，是全党和人民为实现中华民族的伟大复兴而努力的行动纲领，是一个需要长期坚持和发展的过程。习近平的中国新时期建设具有鲜明特点的社会主义理论体系，为中国马克思主义开辟了一个崭新的历史时期。通过对新时期中国特色的社会主义新理念的深刻理解，使大学生了解新时期如何发展中国特色的社会主义，拓宽他们的眼界。

（二）坚持党的领导，充分发挥党的政治组织优势

在当代，坚持中国共产党的领导，持续地发挥其政治组织的作用，是高校坚持正确的办学方针，是加强和完善高校思想政治工作的重要内容。加强高校德育工作是高校教育工作的一项重要内容。自从中华人民共和国成立后，高校党委就占据了重要的位置。在大学生的思想政治工作中，各级党委和党员都具有特殊的地位和影响力。高校党建工作在我国的发展中遇到了很多新问题。随着我国社会主义市场经济的不断发展，我国的社会和意识形态发生了巨大的变革，世界形势的不断发展，对我党的建设也产生了很大的冲击。因此，在大学生思想政治工作中，要以"党建"作为中心，以"人"为中心，不断加强党建工作。在新的时代、新时期，在经济一体化、价值观多样化的影响下，在宗教等力量的渗透下，高校必须抓住机遇，加强在大学生中培养党员的紧迫感和使命感；以党建工作为基础，建立健全党建工作的长效工作体系；注重加强党员的先锋意识，加强对学生的培养，使高校党组织取得新的发展。

（三）坚持社会主义办学方向的原则

高等教育所要解决的问题，就在于它能否坚持正确的政治取向，能否为人民服务、为社会主义祖国服务。高校的办学方针，首先要处理好办什么大学，怎样办大学，培养什么人，怎样培养人才。高校学生的思想政治工作与培养什么样的人以及如何正确地贯彻党的教育政策有着密切的联系。中华人民共和国成立后，我们的一条重要的经验是：坚持正确的政治取向。

第一，坚定不移地贯彻党的根本方针，坚决杜绝"左""右"的各种影响。中华人民共和国成立后，高等教育正处于由新民主主义教育向社会主义教育转型的历史时期，在总结、继承和发扬旧时期的教育传统的同时，对苏联教育的吸收和借鉴，确定了其教育目标、任务和内容。毋庸置疑，那时的高校学生的思想政治工作能够得到重建，完全取决于中国共产党的创造性的表现，以及《中国人民政治协商会议共同纲领》在文化和教育方面的正确取向。而这一时期，高校的核心问题是消除国民党势力，加强高校的马克思主义话语权。同时，还根据当时的社会和政治形势，在实际工作中，开展一系列的思想工作。

在党中央、国务院的正确引导下，高校学生的思想政治工作做了很多有益的尝试。在此期间，高校的思想政治工作重点是培养全面发展的国家和民族的社会主义建设的德智体全面发展人才。毛泽东提出，要使青年学子在思想上和政治上都取得一定的提高，必须要学马克思主义和时政。但在这个阶段，由于"左"的倾向，使其在思想政治工作中产生了一定的偏差和挫败。

"文化大革命"期间，由于林彪和"四人帮"的肆虐，不但使科学、文化素质大为降低，还使学校的思想、政治、纪律、社会主义社会的革命气氛都受到了极大的损害。这使得我国的教学工作变得非常困难。邓小平非常注重教育，1954 年在中央政治局会议上谈到："办好学校，办好干部，这是基础。""四人帮"被打垮以后，我们的高等教育也有了很好的发展时期。邓小平对高校思想政治工作的作用给予了充分的肯定并一再地强调，同时也说明了在高校思想政治工作中要坚持正确的政治取向，并为高校学生的思想政治工作提供了指导。

第二，要把"双为"定位与思想和价值观有机地联系起来。中华人民共和国成立以来，高校思想政治工作一直坚持社会主义思想和社会伦理，注重落实社会主义制度的基本内容，注重培养社会主义制度合格的建设者和可靠的继任者。在思想政治理论的教学过程中，注重对马克思主义基础理论的系统设置，使其能够全面把握中国的历史、中国的建设，将毛泽东思想、邓小平理论、"三个代表"重要思想、科学发展观、习近平新时代中国特色社会主义思想等中国化的马克思主义思想相结合，与时俱进，不断完善教学内容和教学方法，使学生树立正确的世界观、人生观和价值观。

第三，要以教育为中心，以道德教育为主，正确对待道德教育的联系。高校的基本使命是培育以德、智、体、美为主要内容的社会主义的继承者。中华人民共和国成立后，高校一直致力于培养学生的综合素养，从而推动大学生综合能力的提升。而高校在实施高校教育的过程中，也一直在坚守"以德为本"的原则。尤其是在对人才的评估中，"德"字是重中之重，在毕业生的推荐、求职过程中，各大院校、各级党团、专业的思想政治工作人员都起到了很好的效果。在教学过程中，始终坚持以"以人为本""全方位""全过程"为核心，以"全方位"的方式，不断地加强"育"，提升"育"的效果，以推动"一代一代"的"全面发展"。

（四）围绕党和国家的中心来开展大学生思想政治教育工作

加强高校学生的思想政治工作，是高校德育工作的一项重要内容。从改革开放到现在，尤其是十三届四中全会以后，我们党始终贯彻"两手抓"的方针，努力提高和完善高校学生的工作能力。各地、各高校要切实抓好和完善高校的思想政治工作，提高学生的综合能力，这对促进学校和社会的安定起到积极的作用。以十八大思想为指引，以"中国梦"为指引，推进我国的高等教育事业。高校学生的思想政治工作要有广阔的发展空间和发展舞台，就必须把高校德育工作与国家、社会的需求、核心工作联系起来。可以说，中华人民共和国成立后，在各个重大的历史阶段，以一套扎实的工作为核心服务，为社会的发展和高等教育的发展做出了巨大的贡献。

中华人民共和国在社会主义改革过程中，既要建设新的政权，又要维持国家的社会和政治的安定。高校学生的思想政治工作要紧紧围绕着中心工作，创建新的高校德育工作制度，与党中央、国务院的工作政策相一致，大力进行各种形式的社会活动，培养学生的思想和能力。高校毕业生的思想教育工作是和社会现实密切联系在一起的，他们参加生产劳动、参加社会实践、接受社会教育、投身于伟大实践活动之中，他们都是社会的中流砥柱。"文革"时期着重于"以阶级为纲"，使高校学生的思想政治工作屈从于"以阶级为中心"的方针，造成了严重的社会伤害。在此阶段，高校学生的思想政治工作受到全社会的监督，处于极其不寻常的状况，值得我们从中吸取经验。

改革开放以来，我们把工作的重点从"阶级"转向了"以发展为核心"，使我们的社会发展走上了正确的轨道。这种历史变化，需要高校学生进行积极的思想政治工作。要把政治工作从搞业务工作转向搞政治工作，要服务服从于经济建设这个中心工作，必须服务服从于高等教育的改革和发展以及人才培养等高等学校的中心工作。这一转变，一是要突出其自身的价值，要为经济发展提供必要的人才；二是在学校的教学层次上，要坚持以高校为本，为人才培养、为科研工作、为高校的核心工作而努力，要做到与高校的中心工作紧密结合，把思想政治教育渗透于教学、科研等人才培养的各个环节中。

要进一步深化和完善高校思想政治工作，首先要把握和发展社会主义新形势、新途径，从实际出发，把思想政治教育工作做深做细，才能提高思想政治教育的实效性。高校的核心工作是培养人才，为高校提供科学研究、为高校提供服务，这样才能真正地发挥出它的独特价值。高校在实施高校德育工作的过程中，紧密联系高校自身的实际，从学生的思想实际出发，以多种方式和渠道，不断提高学生的思想道德素质，使大学生思想政治教育为其成长成才服务。通过开展社会实践、文体活动、校园文化建设、就业指导和心理咨询等形式，从各方面入手，紧紧抓住人才培养的中心工作不放松，在培养人才中找准定位、全程育人、实现价值。

（五）坚持结合大学生思想新变化的原则

从中华人民共和国成立至今，高校学生的思想政治工作的发展历程显示，要真正做到这一点，必须密切关注新形势下的思想观念的转变。20世纪50年代早期，我国共产党和政府刚刚从旧的社会体制中接手了高校，那时的大学生在观念上还与新的社会体制有一定的抵触。要使学生认识到社会主义的优势，使他们真正地走上正确的社会主义的轨道。20世纪80年代中期，由于我国改革开放的背景，我国的高校毕业生对外来的社会思想有一定的了解，对我国的各种变革措施也有一定的了解和思考。因此，在大学里进行了"四个基本原理"的斗争、"四个基本原理"的正确处理、"改革""发展"与"稳定"的正确处理，扫除了"思想上的阴霾"，以积极的心态投身于"工作"，维护了学校的稳定。21世纪后，我国的经济和社会发展迅速，高校毕业生的工作压力越来越大，而高校毕业生又大都是独生子女，大部分时间都在学校里，缺乏社会经验，因此，一旦遇到困难，很可能产生精神问题。为了适应这种形势，党中央、国务院提出要加强高校的思想政治健康工作，教育部颁布了《普通高等学校大学生心理健康教育工作实施纲要（试行）》的文件。通过实践证明，高校学生的思想教育要立足于现实、与学生密切联系，不断提高其针对性、实效性、吸引力和感染力。

（六）充分发挥创新精神

中华人民共和国成立以来，我们党的意识形态工作曾经用"堵截"的方式来处理群众的思想迷茫与怀疑，最终发展到了"文革"时期。改革后，上述方法发生了根本性的变化。高校学生的思想政治工作要做到"充分发挥民主、开放语言、公平对待、实施引导""引导"和"讲道理"。在实践中，学生的思想政治教育观念发生了很大的变化，教师与学生之间的联系被纠正，学生的关心、理解、支持等方面的作用日益显现。新时代，随着信息化进程的加快和互联网的快速发展，高校纷纷开设了"红色网站"，并持续强化了网上的指导和在线的宣传工作。此外，高校学生的教育模式、体制、内容、方法、载体等都在与时俱进地进行变革。

第三节　大学生思想政治教育对西方国家思想政治教育经验的借鉴

要推动高校学生的思想政治工作，既要吸收中华民族优秀的传统，又要吸收全世界的先进文明成果。本节认为，西方的多元文化观对当代中国的高校思想政治工作有着十分有益的启示。

一、对西方古代教育理论的借鉴

（一）美德即知识

这种教育观念是苏格拉底提出的，苏格拉底是古希腊著名的思想家和哲学家，是西方的伦理学和道德史上的第一位道德教育家。他毕生以收徒论道，虽与孔子一般"述而不作"，但他的教学理念却因柏拉图和色诺芬的作品而广泛传播，并对其产生了深刻的影响。苏格拉底的道德教育与其哲学观念有着千丝万缕的联系，它是最早从对人的关怀到对人的伦理转变。他相信，教育就是要发展人类，使之具有崇高道德和丰富的学识。他的"善是学问""了解自己"等论断和"产婆术"的教化方法，为德育工作的开展带来了大量的思考资源。

（二）理想教育模式

这种范例是柏拉图创立的，他是古希腊伟大的哲学家、教育家和思想家，苏格拉底的学生，亚里士多德的老师，客观的理性论的创始人。卢梭认为，作为第一本西方关于教育的论著，柏拉图的德育理念集中在其《理想国》一书中。本书立足于理想主义，提出了构建一个理想国度的构想，并对其进行了系统化的论述，在此过程中，始终贯彻着思想品德的教育理念，被视为确保一个民族走向公正的关键。

首先，柏拉图主张，人的"理念"与生俱来的智慧与美德。他将"世界"划分成"真实"与"概念"，并将其归结为"观念"，一切皆是"概念"，"善"则是"概念"中的至高层次。他相信人类的心灵是天生的"善"和"性"，而心灵则是从个人的认识中获得的。这是在柏拉图的"理想国中"德育的理论基础。

其次，受思想观念的熏陶，他主张，理想的教育方式是自然的、实践的学习。教育的目标是将人类由表象世界转变为观念世界，以达到对观念的回应，进而达到自己所能触及的至高至善。他提出道德教育的途径是自然的、实践的和学习的。在实际生活中，他特别注意影响和培育孩子的习惯，特别是童年和少年时代，在道德教育的进程中，受到了环境的潜意识的作用。

（三）美德乃是中庸之道

亚里士多德是一位著名的哲学家、教育家和科学家。他的德行理论是古希腊伦理思想的巅峰。在此基础上，首先从"人的自然发展原则"出发，对"人"进行"以人为本""以年龄为依据"的"按年龄"进行"分层"等概念，对"和谐发展"进行了初步的理论阐述。亚里士多德作为第一位重视接受教育的思想家，他主张"德是中和之道"，"德"是一种至高无上的美德，然而，这并非唯一的必要，它只是引导人们的道德行动，而要使品德得以实现，就必须做到知与行的合一，而德行的最高层次就是要达到"中和"。亚里士多德认为，美德的产生并不只是自然的，更重要的是通过习惯的培养，以达到发展理性和完善美德的目的。

（四）雄辩家教育思想

昆体良是罗马教育学的集大成者，也是古代西方最早的教育家和思想家。他的十二部著作《雄辩术原理》，对古希腊和古罗马两国的教育理念、教育实践进行了较为系统的探讨。这本书曾一度遗失，但在 1418 年被人们再次发掘后，它在人文学界引发了巨大的反响，并由此形成了一种文学思潮。昆体良的教学目的是要培育一位优秀的演说家，但他把品德作为一个优秀的演说家应该具有的第一品质，并对其进行了顺应自然的德育。

首先，昆体良将德育作为思想政治理论工作者的第一要务，并将其作为思想政治理论界的重要组成部分。昆体良指出，一个杰出的演说家应该具备一种道德品质，这种品质要远远高于卓越的能力。他不但将德育作为第一要务，而且重视对个体人格塑造的影响。昆体良提倡将道德原则列为学校的主干课，创造性地提出了幼儿园、初等教育、中等教育、高等教育四大教育时期的教育问题，在每一阶段都设置了与之对应的思想品德和教育方式，希望在循序渐进的过程中不断地进行教育，培养学生正义、善良、节制、刚毅、机智等素质，从而成为有品德的人。

其次，昆体良认为，要遵循与大自然相一致的教学理念与方式。昆体良认识到不同的人的天资差别，提倡教育要顺其自然，并据此制定了几条重要的德育准则。他相信应该尽早地开展教育。"年纪越轻，越容易把小事放在心上。就像肢体在软弱的时候可以自由地活动一样，强大的力量也会让大脑很难适应大部分东西。""我们必须了解他们的能力和天赋，并且要注意他们之间的不同之处，这是由于每个人都有令人难以置信的天赋。"因此，应在"教法时，根据个别具体的条件和需求，以使每位同学都能充分利用自己的优势"。昆体良认为，在教育中应该有一个逐步发展的过程。他主张，一个好的老师应该从认识学生的个性和能力入手，尊重学生的理解和接受能力，与孩子的本性紧密地联系在一起，形成互补的关系，从而达到良好的教育效果。

昆体良对教师在德育工作中的角色给予了充分的关注。他主张在教学中，要做到才德俱优、言传身教、以身作则；老师要具备知识广博、激情澎湃、教学技巧高超；在课堂教学中，要运用激励、赞美等手段，以达到更好的教育目的。老师既要有丰富的学识，又要注重教育的艺术，要善于运用启发性的方法，尤其要避免身体的惩罚，提倡鼓励和赞美，以鼓励和赞美的方式来调动他们的学习热情；在教学过程中，教师要坚持"自然"的基本原理，深刻理解"人"的心理特点、个性、才能和倾向，以便更好地进行"教"。

二、对西方近代教育理论的借鉴

（一）绅士教育思想

绅士教育是现代欧洲新贵阶层的一种教育理念，约翰·洛克先生是一位活跃的君子，他深受"君子"的影响，并在此基础上将"新思想"与"老思想"结合在一起，更加准确地反映了英国的"新"阶层教育需求。马克思曾说过，洛克是所有新的资本家的典型。洛克以"君子"为最高目标，并将君子视为"德行、智慧、礼仪、学问"四大人格特质。洛克德育思想就是以"君子"为宗旨来进行的。

首先是洛克先生的教育教学思想的基本理论与教学内容。"在我们生活中，人们的好坏、有用和没用，十有八九取决于他们的教育。人们的差异就在于受过良好的教育。"洛克从君子教育目标出发，提出了从德、智、体三个层面对君子进行全面的教育。他最看重运动，他相信有一个好的体魄是一个人工作的根本；其次是道德教育，洛克相信君子之道是君子之本，智育之道，乃君子之道。就品德的教育而言，君子之德应当包含两个部分：一是智慧，所有的伦理和价值观的基本原理和依据，就是遵从理性的最佳准则来约束自己的欲念，因此，美德的首要目的就是要养成自律，也就是要养成一种忍耐的品格，让自己的行为与社会的伦理准则相一致。二是礼貌，礼貌是一种精神财富。

其次，洛克绅士道德的教育理念。洛克在德育的基本原理与途径方面指出：①德育要遵循自然规律与理性规律。洛克主张，对幼儿进行合理的教学应顺应幼儿的"心性"，并应针对幼儿个体的不同特点进行针对性的教学。而人又是一种理性的生物，要通过规范约束和习惯养成，使其在成年后能够自觉地受到理性规范和约束。②尽早进行德育教育。孩子们在很小的时候没有受到过教育，他们的思想还很稚嫩，他们很可能会遵循一些基本的伦理准则，并且会终身受益。③德育要做到宽厚、严厉、适当的惩罚。洛克觉得，要和一个人保持距离，让他尊敬，要宽容、要适度、要让他服从。奖赏以表扬和激励为主，注重培育荣誉，而不是物质上的奖赏，应该尽可能地减少处罚，尤其是体罚。④德育要结合说理、习惯和典范等多种方式进行。洛克相信，因为人类是一种理智的生物，所以讲道理是最有效的方法，特别是对于十几岁的孩子，他也提倡在讲道理的时候，要遵守一定的道理，经过不断的实践，才能培养出一个好的习惯。在所有的教学方式中，典范是最简洁、最简单、最行之有效的方式。

（二）自然教育理论

让－雅克·卢梭是 18 世纪法国的一位杰出的文学家、启蒙思想家、哲学家和教育家，他的著作有《论人类不平等的起源和基础》《社会契约论》《爱弥儿》《新爱洛伊丝》《忏悔录》等。《爱弥儿》是他的一部重要的教育作品。本书以人物艾米尔的生长历程为主线，对其自然观进行了较为全面的论述。卢梭的自然教育理念在近代西方教育界掀起了哥白尼主义的"变革"，被认为是新、旧的一个转折点。

卢梭道德观的根本原理是"自然"。卢梭认为，人的教育有三个来源：由大自然、由他人、由物而生。我们与生俱来的身体素质和天赋都是大自然赋予我们的。从这个意义上说，我们接受了一个人的教育，那就是学习如何去做。而环境教育，就是要通过外部的环境和周围的事物，来使我们的学习变得更好。只有以这种方式，而不是用别的方式来进行，你在他身上所付出的努力，就会产生效果。因此，人类无法进行自然的教学，只能在最天然的条件下进行。卢梭也在此基础上，对自然教育进行了分类，并对其道德教育的内涵和方式进行了阐述。自然教育原理需要老师根据幼儿本性发展，从两个层面来进行：一是要从人发展的自然规律出发，确定教育目的、教育内容、教育方法；二是要把人性中的友善与自恋的情绪都纳入考量。德育的重点是将人类的自我关爱转化为博爱。从自然的阶段来看，卢梭把自然界的教育分为幼儿期、少儿期、青年期和中年期四个阶段。卢梭在《爱弥儿》一书中详细阐述了四个阶段的教学要点。他认为，教育应当逐步由自然而然地转变为社会性，使之具有承受"自然后果"的能力。此外，卢梭德育理念中的自然教育原理，可以归纳为：德育的主体是情感的培育，而实践性的学习是德育的重要途径。首先，要使学生在自己的发展与教育中占领导的地位，必须遵循从浅入深、从具体到抽象的道德理念发展的规律性，从培养习性开始，到培养道德情感、道德意志。卢梭则从实践中吸取教训，他反对道德说教、死记硬背和严厉的训练，他主张用实际的行动代替口头的教学。

（三）社会道德教育

埃米尔·涂尔干是法国现代教育学的重要代表之一。涂尔干是法国教育界知名的社会学家、教育家、教育社会学创始人、教育功用论学派的重要代表。在德育问题上，他是最早将伦理视为社会事实的人，运用社会学的方法对伦理进行了探讨，将世俗伦理与宗教伦理相隔离，从而形成了"三元"学说。他的德育理念在《道德教育》《教育与社会学》《社会学研究方法论》等著作中得到了广泛的反映。

涂尔干首先阐述了"三元"的伦理思想。他把世行伦理分为三大因素：纪律精神、牺牲精神（依赖于社会团体）、知识精神（自治或自我决定）。他从社会学角度看待德育，并将德育作为第一要务。伦理包括了传统与权威，这就是"自律"的观念。第二种是个体对团体的依赖。他相信："一个人要想做一个有道义的人，就得把自己奉献给另一件事，他要觉得和这个世界保持统一，那就是从这个世界开始的。"道德的三个基本元素是"知行"。涂尔干指出，伦理良心要求的是自我意识，而这正是我们自我意识的来源。涂尔干认为，德育的目标在于对幼儿进行德育三个方面的训练。他把自律当作一种检验的出发点，相信只有遵守校规，我们就能把自律的思想注入孩子的心中。学校是个人的道德社会化最适宜的场所，而小学则是幼儿脱离了家长，步入了社会，因此是最适宜进行德育的年纪。涂尔干还就一些有关校园德育方面的问题进行了探讨。首先是关于孩子的心理特征和培养学生的自律意识。他指出，幼儿的心智具有流动性和情感色彩，同时具有习惯和隐含的特点，因此，在学习过程中，要适当地利用这些特点来发展幼儿的性格。其次是关于老师的威信问题。老师是他所处的年代和民族的崇高的伦理思想的阐述者，他的意志一定要坚定，对自己的责任具有一种庄严的神性。再者，在德育工作中存在着处罚和奖励问题。"把权力交给一个人，不是为了处罚，而是为了阻止他失去权力。"在此基础上，涂尔干指出道德教育与道德教学、道德现实与道德理想、道德原则等不同的观念。他指出，德育注重习惯的形成、情感的唤起、行动的激励，也就是养成自律与奉献的意识。

三、对西方现代教育理论的借鉴

（一）实用主义道德教育思想

约翰·杜威是美国实用派的典型，也是实用派的开创者，他的实用主义教育理念在美国乃至中国和苏联等很多地方都有着深远的意义。在那个时代，以赫尔巴特为代表的"传统教育"理念使得美国学校教育与社会生活彻底脱离，杜威的实用主义教育理念就是在"传统教育"的反作用下发展起来的。作为杜威的实用主义教育观，其著作有《教育中的道德原理》《学校与社会》《中学伦理学教育》《民主主义与教育》等。

杜威的教育理念主要有："教育就是生活"和"学校就是社会"。他相信，教学就是经验的生成和生长过程，而最好的教育就是从生活中汲取经验，因此，"教育就是生活，而教育就是成长"。此外，教育是一种社会生活的进程，学校也是一种社会的活动，因此，它要为孩子提供当下的社会现实，它就是一个"学校就是一个社会"的雏形。杜威相信，在美国，德育工作就是要培育优秀的国民。他不赞成传统的德育与实际的生活相分离，主张要与社会、生活相结合，"只有在一个小型的合作社会中，教育才可以让孩子们在未来的社会活动中有所发展"。这说明了高校德育工作的重点应放在现实的社会实践中。

杜威的"以孩子为本""从做中学"是其德育实践的根本准则。杜威认为，

"以孩子为本""从做中学"是最根本的教学理念。儿童教育要在儿童的天性、兴趣和习惯的基础上进行深入的研究。杜威根据上述两大理论，主张学校德育应采用"非直接德育"的方式，将德育渗透到学校生活、各类学科的教学、生活的各个方面，尤其要强化德育的培养。他在学校里建议了两种德育方式。一是以探究式、讨论式的教学模式取代以学生为本的教学模式。二是"从做中学"，也就是德育的社会实践。他指出，透过社会实践，可以克服因传统德育中的"空洞说教""强行灌输"而造成的"知行分离"的弊端。

（二）个性全面和谐发展

20 世纪中叶苏联出现了个性全面协调发展的教育理念。它的主要代表是苏霍姆林斯基，他是苏联的教育工作者。"全面、协调的个性发展"教育理念提倡以体育、德育、智育、劳动教育和审美教育为一体的全面和协调发展的个性教育。

苏霍姆林斯基的"全面的个性发展"学说指出，德育应遵守四大基本准则，

第一，要尽可能地让个人的各种才能、兴趣和爱好得到最大程度的发展。这就需要老师尽量理解学生的性格特征，对其进行针对性的教学。

第二，群体的品德品质是个人品德品质之来源；苏霍姆林斯基在教学中注重群体的培养，注重在德育中发挥集体的作用。

第三，道德建设应注重对大学生自身素质的培育。苏霍姆林斯基指出，要使自我教育成为一种教育常态，使其成为一种多姿多彩的群体活动，其核心就是要培养其优良的心理素质和自我教育的欲望和需求。

第四，宽容胜过处罚，惩戒必须首先进行。苏霍姆林斯基认为，处罚要少用、要慎用、要用得好、要教育、要有道理，但是，如果孩子没有恶意，就没有必要加以处罚。当然，这几条也会给我们带来好处。

苏霍姆林斯基在具体的道德教育实践中提出了以下几个问题：①重视对幼儿的良好品德养成。幼儿阶段是学生道德行为形成的重要阶段，应加强对其的德育教育，以培养其对社会伦理规范的认知，并及早形成良好的行为规范。②重视幼儿的道德情操的培育。他相信道德感情是"道德信仰、道德原则、道德力量的灵魂；如果没有感情，那么，伦理就是一堆无聊的废话"。③培养幼儿正确的道德观念。苏霍姆林斯基深知道德信仰是道德发展的终极目的，道德教育要把道德观念转化为道德信仰，道德行为必须在孩子心中转化为道德信仰，而道德行为一旦形成道德习惯，并最终成为其内在信仰的行为，那么孩子的道德行为、习惯、道德情感和道德观念就会完全融合，从而形成自身的道德品格。

第五章　当代大学生思想政治课教学创新研究

高校学生的思想政治理论课是中国特色社会主义的一个主要内容，是高校学生进行系统的理论学习和实践活动的理论依据，为中国特色的社会主义现代化建设提供了有力的保障。

第一节　大学生思想政治理论课的内容构成

一、当代大学生思想政治理论课内容确定的依据

1. 坚持马克思主义立场

在大学的教学实践中，马克思主义不仅是大学教学工作的重要组成部分，更是大学教学的重要基础。马克思主义立场、观点和方法的培养是高校学生开展的一项重要内容。高校思想政治理论课的理念和价值取向是明显的。马克思把意识形态作为一种观念和意识形态的范畴，是一种属于上层结构的东西。高校思想政治理论课的教学重点在于思想政治理论的教育与传播，因此，在课程选择、课程设置，以及在课堂中运用多种不同的思想和方法等方面都具有十分重大的意义。但是，我们不应该盲目地以为，思想政治理论课的教学大纲可以任意裁剪，也不应该盲目地选择、胡乱地向学生灌输各种理论和

历史事实。要明白，这是以马克思主义的历史观为指导，以实际问题为先决条件，以事实为依据，有针对性地为其提供有意义的、有价值的内容，合理地组织思想政治理论课的课堂，让他们了解中国历史发展的规律，意识到这门课的必要性和合理性，从而提高他们的社会地位和对他们的政治拥护。

2. 坚持现阶段党的基本路线

当前，我们党的根本方针，就是"一个中心、两个基本点"。从马克思思想的角度出发，认为经济是基本的，而政治是经济的最大体现，生产力则是一切的最基本要素。发展社会生产力，是全党最根本的任务，也是最重要的政治任务。脱离了经济发展的核心，脱离了发展生产力的基本工作，我们的党就会迷失在正确的道路上。大学不能说只是一个经济的生产部门，要发展经济，首先要提高学生的质量，这样才能促进生产力的快速发展。

目前，我们处在一个由逐渐建立到健全的市场经济体制的发展时期，制度变迁对我们整个社会的方方面面都有很大的冲击，需要我们的思想、价值观和制度与时俱进。大学生是我国社会发展的新生力量，应当逐渐树立自主、平等、开放、竞争、法制等意识，树立健全的社会制度和职业操守，在复杂的社会环境中，始终能知荣辱、辨善恶。这也是当前高校德育工作面临的一个重大课题。在经济一体化进程中，各国经济、文化和教育领域的交往日益密切。这为我们国家的发展提供了空前的机会。然而，以美国为首的发达国家，在其主导和推进全球化进程中，强行将有益于自己的国际游戏规则推向世界，利用自身的发展来推进自己的价值观和思想。由此，很多年轻人对西方价值观、生活模式产生了盲目的崇敬，一些大学生的思想出现信仰了动摇，思想的弱化，产生了一种社会的离心。因此，加强对学生的马克思主义基础理论的研究，必须与坚持马克思主义的基本路线相统一。

（1）坚持以党的基本原则指导高校思想政治理论课程的教学改革。以经济为核心是党的根本路线，在社会主义初级阶段，我们要把它作为一个核心，四个基本原理不能改变。改革开放是一条强大的道路，学生要积极参与到这场变革和开放的浪潮中来。从根本上说，我们的改革和开放，就是要把全世界所有国家和民族的优点都吸收进来，把一切先进的东西都用于发展社会主义国家的生产力，使我们人民的生活条件得到改善，使我们国家的综合实力得到提升。在课程的教学中，对于其他政党、国家和民族的东西，我们应该"取其精华去其糟粕"，始终保持着"正确"的教育导向。

（2）对思想政治理论课程的教学内容进行了调整，以适应党的根本路线实际要求。习近平总书记在中共中央党校的一次演讲中提到，要把马列主义、毛泽东思想、邓小平理论关于中国特色社会主义思想的研究放在第一位，就是要把经济和工作的实际经验放在首位，要重视三个层面的教育。从根本上说，他们的讲话是在突出我国的根本原则。同时，也给大学的思想政治理论课教学提出了一些特殊的需求。这就要求高校的思想政治理论课程教学内容要适应现实需要。

在马克思主义的理论学习方面，要把新四大学科的教育思想与方法结合起来，来探讨中国特色的社会主义思想。具体包括：各地区、各部门如何服从和服务党的根本方针、经济和政治制度，国际经济和中国的社会主义经济，国际政治发展和中国所担负的社会主义的历史任务，新的科技发展和新的社会主义经济及知识经济的发展，从而使我们的思想政治理论课的教学内容紧紧围绕党的基本路线，确保党的基本路线的贯彻执行。

3. 立足我国的现实状况，着眼未来发展

（1）结合国情，对高校学生进行了课程设置。改革开放后，我们的生产力得到了极大的提升，综合实力和经济发展已经趋于全面。但总体而言，我们国家的人口多、基础薄弱、区域发展不均衡、生产力落后等问题还没有发生根本性改变，目前我们还需要很长一段时间去改变。在课程设置上，高校思想政治理论课程应使学生认识到：尽管我们的现代化事业已经获得了巨大的成功，但我们的社会生产力还与世界先进的社会发展有着很大的差距。要使我们的经济社会化、市场化、现代化，我们就得走上一个漫长的发展道路。高校的思想政治理论课程的教学应以国家的实际情况为基础，以民族振兴、国家繁荣为己任，使学生努力学习，努力成为社会主义的建设者和继承者。

（2）立足于今后的发展动向，在教学中开设了新的课程。在这个时代，人类的进步和文明程度将远远超过今天。现代社会的发展，最主要的是科技的飞速发展。当今的科学技术飞速发展，新技术层出不穷，对人们的日常生活产生了巨大的影响。如果人类的染色体能够被克隆，人类的基因工程将对人类的社会和经济造成巨大的冲击。科技是生产力的首要因素，这已经不是一种合理的思维方式。现代科学技术的发展，不但对经济的发展起着举足轻重的作用，还对国家的综合国力、社会的经济构成、人民的生活质量，对世界的认知方式、能力的变化，对哲学和社会科学产生了极大的冲击。大学的思想政治理论课程要让学生认识到，在科技飞速发展、社会瞬息万变的今天，我们要站在国家发展的前列，不仅要掌握先进的科技知识，还要掌握先进的创新思维。在顺应时代发展的过程中，人民的自觉必须做出长远的判断，不然于国家和自己都是有害的。邓小平曾经指出，要着眼于将来，要从现代化建设、当今世界的特征和发展的角度，大力发展高素质的人才。当前，我国高校的思想政治理论课课程改革也面临着同样的问题，在课程内容的设计上应立足于"以时代为导向"的教育理念，从"时代"的高度，从"时代""科学""人文"、"理论"与"科学"、"科学"与"社会"相统一。加强大学生学习、就业、企业经营等方面的素质培养，让大学生在学习、就业等方面都要学会既要"做事"又要"做人"还要"生存"。

4. 从大学生的思想实际出发

随着我国经济社会的全面开放和深入，社会政治、经济、文化生活发生了巨大的变革，个人的发展领域得到了极大的拓展。大学生思维敏捷，阅历广博。在日益激烈的社会环境中，人们越来越重视实事求是。深入工厂、农村、城镇等社会生活的方方面面，认识社会政治、经济、文化、人民的发展情况，进行实际的工作，让思想和行动跟上时代的脚步。"能者为尊"的经济法，真正的"按劳付费"，使现代的学生更加注重对知识的掌握和发展，注重自我价值和自我设计，从而在今后的市场中树立起自己的"中流砥柱"。这种情况下，如继续按照以往的教学方式，与当前的市场环境相背离，容易招致学生的鄙夷，乃至厌恶。必须立足于学生的现实生活。以学生的实际情况为依据，以社会热点为导向的思想政治理论课教学将会深受广大学生的喜爱，从而实现其目标。

新的形势要求大学生思想政治理论教育内容要加强针对性，既要突出大学生思想和社会现实问题，又要从大学生思想实际和切身利益出发，及时丰富和调整思想政治理论教育内容体系，在继承传统教育内容实质的同时，体现出新时期对大学生素质的新要求，注意增加一些适合大学生个体特长，有效缓解其思想矛盾、心理冲突、情感困惑等问题的相关内容，进而促进大学生成长、成才、成就、成功。

二、当代大学生思想政治理论课的主要内容

新时代大学的德育工作包括马克思主义教育、基本国情与政策教育、党的基本理论和基本经验教育、世界观、人生观、价值观教育、道德教育、法制教育和历史教育等内容。

1. 马克思主义教育

大学生的马克思主义教育主要有：马克思主义立场教育、马克思主义观点教育、马克思主义教育方法教育。

（1）坚持正确的观点。在当今的社会主义市场经济环境中，坚持以马克思主义为指导，坚持以马克思主义为核心的大学思想政治理论课的教学阵地和牢固的社会主义理想。

马克思主义是无产阶级和广大人民的精神力量。正是由于这样鲜明的党性和阶级性质，才使我们在学习的过程中，不能抛弃这一"兵器"，在复杂的社会环境中，要始终用"马克思主义"占据思想的"堡垒"，把"巩固发展"的工作落到实处。我们要坚定不移地开展党的基础科学理论，坚决反对一切不正确的思想。

在社会主义的初期，马克思主义和反马克思主义、唯物主义和唯心主义、无神论和有神论、科学和伪科学之间是长期的、复杂的，甚至是剧烈的关系。在意识形态方面，对于涉及政治原则和方向的问题，一定要旗帜鲜明、立场坚定、是非分明，决不允许任何反马克思主义、唯心主义、有神论、伪科学等错误思想的出现。决不容许这种错误同我们争夺群众和思想阵地。要注意社会、政治的动向，对错误思想的形成、传播和蔓延现象进行分析，增强我们的政治敏锐性和判断力，坚决反对一切错误思想和封建迷信、伪科学等社

会丑陋现象，并与其作斗争。要做到事无巨细，防微杜渐，将问题扼杀在摇篮之中，决不让它肆意蔓延。

在目前和未来的一个很长的时间里，我们必须把坚持社会主义信仰作为一个紧迫的重大问题来处理，要充分肯定它的历史成绩，正确地理解和掌握中国的伟大复兴与中国的社会主义的成功发展的联系，以及它的成功及光明的未来。所以，我们一定要坚持下去，坚持自己的社会主义信仰。

（2）从根本上讲马克思主义的观念和方法论。马克思主义的观念是马克思主义思想的综合反映。而从这个角度来看待问题、分析问题、解决问题，则是一种方法。这里，看法和方法论是很一致的。开展马克思主义的思想与方法的教育，首先要确立辨证的思想观念，用辨证的眼光去对待新观念，教育人民辨证地否定旧观念、肯定新观念，克服主观性、片面性、随意性。在高校思想政治理论课的教学中，要使学生正确地看待自己的种种观点，从而使其进行理念上的革新。

在新理念的基础上，我们应避免绝对的主义。应该能看出，新思想和旧思想之间虽然存在本质上的差异，但是两者之间存在着密切的关系。旧概念含有对新概念的正向影响；新的想法也可以转变为旧的想法。要做到思想上的革新，必须采用辨证的思维方式，进行科学的去粗取精、去伪存真。

2. 基本国情和形势与政策教育

当前，高校的形势和方针教育不仅在高校的教学中占有很大的比重，同时也是高校的一项优秀的教学工作。当前的情况教育，既有国家的情况，也有世界的情况。通过开展情况教育，可以帮助人民正确地掌握当前的情况，正确地领会党的路线方针政策，坚定地执行党和国家的任务，树立起坚定的信念。而贯彻落实党的方针，是一切具体工作的起点。通过开展政治宣传，可以促进人民在生产、生活中更加理性、更加自觉地维护与党和国家的关系。

（1）当代国家的基本情况和现实情况的宣传。我们要用辨证的眼光来看我国目前的基本情况和现实情况。我们不能自大、不能盲目乐观，也不能绝望、不自信。随着中国经济的迅猛发展，我国和世界各国的发展状况大好：人均 GNP 持续高速发展， GDP 总量基本实现了全面的富裕；从一个人口大国走向一个人才强国；中国在经济制度变迁和社会结构变迁同步进行的过程中，实现了跨越；随着经济一体化的深入，中国的生产、流通、金融、能源等各个领域都受到了世界广泛的关注。

但是，目前中国的发展面临着许多困难：发展不平衡、不协调、不可持续等问题仍然十分严重；我国农村地区的发展和居民的收入分配差异仍然很大；社会冲突显著增多，涉及人民切身利益的教育、就业、社会保障、医疗卫生、住房、生态环境、食品药品安全、治安、司法等问题；在某些方面，道德失范，诚信缺失；有的干部缺乏科学发展的能力，有的地方的组织比较薄弱，有的党员的理想信念和宗旨意识淡漠，形式主义和官僚主义问题突出，奢侈浪费问题严重；在某些方面，存在着严重的反腐倡廉问题。我们要把这些问题放在心上，并进一步严肃地处理。

（2）现行的有关政策的培训：

第一，以发展为核心，以发展的方式化解人民生活中的种种问题和冲突。目前，发展的不均衡是造成各类问题和冲突的根本原因。在这个世界上，中国作为 14 亿人口大国，人们的精神生活还没有得到充分的发展。所以，发展是唯一的出路，是解决一切问题和冲突的根源。

第二，要树立全面、协调和可持续的"以人为本"的思想，实现"五个统筹"；在发展过程中，我们在保持经济发展的前提下，始终把人民的幸福放在第一位，把改革和发展的利益放在第一位。

第三，重视在发展过程中解决新的利益与价值观之间的矛盾。从整体上看，我们国家发展中所产生的新的社会问题仍然是一种由人民自身引起的、由利益结构来调节的问题。当前，随着市场经济进程的推进，人们的价值观发生了激烈的冲突，不同地域、不同阶层、不同年龄段的人在某些社会的价值取向上存在着巨大的差别，这些都将是今后社会矛盾产生的根源。因此，在解决社会冲突的过程中，要兼顾到两个层面：利益的和谐与价值的统一。

第四，要加强党的建设。"新的时代，我们要面对改革开放、市场经济和外部环境的考验。在全党的前面，有了松懈的危险，有能力的危险，有脱离群众的危险，有消极腐败的危险。加强党的执政水平，增强拒腐防变、防范危险的本领，是我们巩固执政地位、实现执政使命的重要任务。""我们党要增强党的执政能力建设、先进性建设、纯洁性建设这条主线，坚持解放思想、改革创新，坚持党要管党、从严治党，全面加强党的思想建设、组织建设、作风建设、反腐倡廉建设、制度建设，增强自我净化、自我完善、自我革新、自我提高能力，建设学习型、服务型、创新型的马克思主义执政党，确保党始终成为中国特色社会主义事业的坚强领导核心。"

3. 党的基本理论和基本经验教育

（1）开展党内政治工作的基础性工作。中国共产党在当前的历史时期，主要有：马列主义、毛泽东思想、邓小平理论、"三个代表"重要思想、科学发展观、习近平新时代中国特色社会主义思想。这是我们党内要长期贯彻的方针。马列主义和毛泽东思想是中国共产党人寻求真理，引导中国人民摆脱陈规陋习、重获新生的思想兵器。

（2）对党员进行基础工作的培训。在中国特色社会主义的历史进程中，我们的领导力不断进取，与时俱进，积累了许多宝贵的经验。

这些是我们在中国的历史进程中，经过长期艰苦的摸索和总结，是我们的一份珍贵的政治财产。我们坚信，如果我们把这一宝贵的教训牢记在心，坚持一百年，我们一定能够在治党治军和治国上取得胜利，而且永不会失败。

4. 世界观、人生观和价值观教育

（1）培养学生的世界观。世界观是人类对于整体世界的总体观念和基本观念。人类在改变客观世界的过程中，随着对世界的了解越来越多，对世界的整体观念也就逐渐地产生了。当一个人的世界观被建立起来之后，他的思想和行为就会受到影响。但是，在现实生活中，人们自然而然地生成的世界观念，常常不是系统化的，缺少理论性的证明。当然，正确的世界观能够引导人进行适当的行为，进而推动整个社会的发展；而对这个世界的误解，恰恰是反过来的。因此，要用科学的、系统的世界观来武装人民的心灵，以降低人的盲目和自觉，是教育思想政治理论课的一个重大课题。

马克思世界观是科学的、系统的世界观，是迄今对人类思想成果进行全面的概括，反映了世界的本来面目和发展的规律，是指导人们积极地改造自然和社会并被实践所反复证明的世界观。在社会主义市场经济条件下，以马克思主义的世界观来培养国民，是高校德育工作的重要内容。

（2）对人生的认识。关于生活的基本问题，最根本的看法就是生活。以人生为目标，是对人生意义、人生目标和人生价值的认识与见解。在人类的社会活动中，人类是有理性的社会性生物，他们对生命有着自己的经验和认识，他们对自己的处境和命运进行了反思，从而对生命产生了基本的认识。而在人生的实际活动中，自然地生成的人生观念常常是杂乱、不系统、缺乏科学论证的。再者，人生观念是由特定的社会环境和特定的社会关系形成的，

它是人类的社会生活的一种体现，因此，随着社会的实际生活和理想的差异，人们对人生的看法也就发生了很大的变化。当然，真实生活中也存在着积极的、负面的、天真的、可笑的人生。这就要求我们进行生活观念的教育，以辨别各种不同的生命观念，从而指导人走向正确的生活道路。

当前，大学的德育工作应该注重培养学生正确的人生观，明确其与社会的关系、贡献与索取的关系，以及理想与实际的关系。

（3）对学生进行价值的培养。价值观念是人类对现实和潜在的主体的价值关系、主体价值的创造价值的本质与含义的体现，并因此而产生的相对固定的精神与行动方向或心理与行动模式。是指在特定情境下，人的动机、目的、需要和情感意愿的集合。价值观念一经确立，必然会对人类的认知与实际行为起到积极的作用。人类的各种社会行为与行为模式，均由其自身的价值观念所规制与调整，人类的认知与实践活动均以某种价值观指引，寻求某种价值的满足。

我国的社会主义市场经济中，各种经济要素、利益群体是不同的。因此，必然会有多种价值观念与价值导向。要对这一问题有一个清晰的认知和正确的价值导向。目前，大学生在思想政治教育中的主要内容是："义利观""荣辱观""苦乐观""生死观"。

中国的建设是一项着眼于未来的工作，需要我们新一代有理想的年轻人去努力。我们要关心青年、听取青年的意见、鼓励青年发展、扶持青年企业家。我们的青年要自觉地按照中国的要求，树立自己的世界观、人生观和价值观，永远爱自己的国家、自己的民族，让自己的青春绽放出灿烂的光芒。

5. 道德观和法制观教育

道德观是指在特定的时代背景下，人们对伦理问题的理解与看法。道德是特定时代的必然结果，是特定的社会性的客观表现。道德是人类共同的行为准则和行为规范的统一体，它在一定程度上会影响着人类的日常活动，也会严重地阻碍着经济的发展和国家的稳定。《公民道德建设实施纲要》从社会主义精神文明的高度提出了提高公民素质、培养公民应有的伦理和道德义务的重要性。目前，我们要大力倡导和践行"爱国守法、明礼诚信、团结友善、勤俭自强、敬业奉献"的公民基本道德准则，发扬优秀的中国精神，引导人们努力攀登道德的更高台阶，用道德武装全党和全国人民。

而法治观念的教育，则是民众对于社会各个阶层所确立的法治体系的基本理解与观点。法律是由某一特定的统治者按照自己的意愿，经由政府机构而确立的。法律一经确立，即有权威性和强制性，要求全体人民必须遵行。在高校德育工作中，加强法治理念的培养是高校德育工作中的一个关键环节。

6. 历史观教育

历史记载是人类的智慧，是人类文明向前发展的先决条件。世界各国都非常注重民族史的学习与教学。尊重和借鉴外来文化，发扬本民族优秀的文化传统，推动社会的发展。历史教学的重点在于对历史观念的培养，因此，在大学的历史教学中，应充分了解其各个学科的整体与系统性，并从各个方面找到相同的目标。大学所设置的各类中国近代历史学科，以"红色历史"和"历史"为视角，以鲜明的思想政治取向为青少年呈现中国近代历史发展的脉络。中国近代历史的教学对青少年进行历史学习具有很大的意义。

第二节　当代大学生思想政治理论课的教学要求

一、理论联系实际

（一）理论联系实际的含义

大学的思想政治理论课在实践中体现了两个方面：第一，在课堂上，教师要将基础理论与现实相结合，使学生能实现基础理论的认识和掌握；第二，在实务教育中，要始终以发展中的马克思主义武装学生，同时要以丰富的实习来培养学生。确保高校毕业生成为具有中国特色的社会主义事业的合格的建设者和可靠的继承者。

（二）理论联系实际的基本要求

鉴于其自身的特性以及其所要达到的教学目的的特殊性，在实施过程中应注意防止教条化、公式化的问题。

1. 联系理论本身形成、发展的实际

高校思想政治理论课程的实施，应从培养学生的基本理论入手，培养其形成和发展的过程，而非"纸上谈兵"。老师讲授基础理论的时候，要讲得很明白，包括时代背景、社会背景、理论创立人等，这样才能让同学们真正体会到理论的重要意义。

2. 联系学生的实际

"因材施教"是一种普遍的教育理念，在所有的教育中都应遵守。因材

施教，指针对不同的教学目标，采取各种教学手段，也就是针对"材"的具体情况实施特定的教学。在高校思想政治理论课的教学中，应结合学生的具体情况，并结合其具体的特点进行教学。

第一，要与学生的现实相结合，要真正地认识到他们的实际情况，

要深入学习，掌握学生的学习情况，掌握他们的知识层次和认知能力，掌握他们的思想状况，理解他们的性格特点。

第二，在大学各学科中，思想政治理论课是一门重要的学科，要充分认识和掌握有关学科的知识，尽可能多地掌握有关学科的知识，并举例说明与学生的职业实践有关的事例，使他们对有关的知识有更深的认识，更容易接受有关的理论。

第三，要对学生的现实情况有一定的认识，因为每个专业、班级往往都是从全国各地来的，个人经历、家庭背景、生活方式都有很大差别，但他们都是一个单独的个体。在课堂上，老师要掌握学生的不同处和共同性，使课堂上的学习更具针对性。

3. 联系教师的实际

理论与实践结合的成效，在很大程度上依赖于老师。如何与现实相结合，全靠老师自己。只有在讲道理和感动的情况下，学生们才会愿意去接受。与老师的实际接触，即从"理"与"情"两个层面上，与老师的实际相结合。老师自己要讲道理、讲真话。只有具有真实的信念，感情自然而然地表达，而不能作假，学生才会接受。

4. 联系社会的实际

与现实相结合，包含了过去的现实与当前现实的结合。与过去的现实相结合，也就是将历史与中国的历史相连接。结合当前的社会现实，也就是当

今的国际、国内具体情况，把焦点放在与党的路线、方针、改革、社会主义现代化建设紧密结合起来，特别是与重大现实问题、热点问题结合。

要与历史相结合，在课堂上频繁地运用对比历史的方法。有了对比，就有了区别，就像马克思的学说一样。所以，我们不能只将自己的视角局限在马克思的系统中，要开阔自己的视野，将马克思放在全人类的历史进程中去，并将它同其他学说进行对比，以证实它的科学性。要与实际相结合，是由于当前和未来的学习、生活和工作的大环境不同。全球多极化、全球一体化的大潮正以一种弯弯曲曲的方式发展，科学技术的变革日新月异，综合实力的竞争日益加剧。当代的高校毕业生面对着一波又一波的西方思想、价值观，以及一些腐败、颓废的生存模式。随着我国改革开放和社会主义市场经济的进一步深化，社会经济的成分、组织形式、就业方式、利益关系和资源配置方式的多元化，人民的思维活动越来越具有独立性、选择性、多变性和差异性。在当前的社会背景下，如何解决大学生的心理问题，就显得尤为重要。

二、坚持政治性与科学性的统一

（一）高校思想政治理论课的政治性与科学性

"政治性"是大学思想政治理论课教学中的一项重要内容。高校思想政治理论课程的主要目的在于培养大学生的思想、政治、道德修养，培养他们对社会、国家、社会主义和民族地区的正确认识，树立正确的价值观，树立中国特色社会主义的正确方向，树立建设中国特色社会主义的理想。

科学的本质体现在教学内容科学、方法科学、师资科学等方面。在这三个方面，师资队伍的科学性体现在：师资队伍的年龄结构、学历结构和每个老师的知识结构上。

政治性和科学性的结合取决于其自身的特点，这就是其鲜明的政治性和科学性需求，二者的结合要符合大学的发展方向，对提高教育质量是必要的。

（二）坚持政治性与科学性统一的要求

1. 始终坚持马克思列宁主义、毛泽东思想、邓小平理论、"三个代表"重要思想、科学发展观、习近平新时代中国特色社会主义重要思想在高校思想政治理论课程教学中的指导地位

马列主义、毛泽东思想、邓小平理论、"三个代表"重要思想、科学发展观、习近平新时代中国特色社会主义思想是我们的基本纲领，是中国革命和建设的基本方向，是我们的思想源泉。实践表明，只有将中国实际情况结合起来，才能使我国的社会主义建设和发展更加顺畅、更加辉煌；如果我们脱离马克思主义，将马克思主义的理论和中国的实际情况联系起来，就会使我们的改革和发展受到挫折和失败。我们要把马克思主义、毛泽东思想、邓小平理论、"三个代表"重要思想、科学发展观、习近平新时代中国特色社会主义思想，始终作为思想政治上的正确导向，也就是要把社会主义、共产主义、理想信仰作为思想的中心，不断地进行世界观、人生观、价值观的教育。

2. 科学的方法与科学的内容紧密结合

以马克思主义基础理论为指导，是大学思想政治理论课的重要内容。马克思主义基础理论既是科学的，也是政治的。这是思想政治理论课的一个自然的优点，但这并不代表只要将基础理论讲解清楚，或对课本进行通顺，就可以达到政治化和科学化的目的。在教育过程中要始终关注如何在政治和科学之间实现平衡，这是很困难的，因此，正确地选用好的教育手段和方法显得尤为关键。如果没有正确的教学方法，就不可能把科学知识传递到学生身上。只有正确运用教育手段和方法，才能实现政治和科学的有机结合，从而提高对教材的认识和掌握。

三、坚持方向性、思想性与科学性相统一

指导性是高校思想政治理论课的突出特点，具有鲜明的阶级性质和党性，具有明确的针对性；"思想化"是指思想政治教育中强调"人的灵性"和"灵气"，强调"思想"对"人"的支配地位；科学是思想政治理论课的指导思想、内容和方法学的真理性和正确性，是能够经得起时间检验的，是"以科学的理论武装人"、以科学的方式培养人的。

高校思想政治理论课程的方向性、思想性和科学性的有机统一，不是人为的"结合"，而是自身的内部统一性；其"指导性""思想性"与"科学性"的内在一致性；高校思想政治理论课程的课程目标是：坚持方向性、思想性和科学性的结合；要充分反映马克思主义的科学性、时代性特点，既坚持、又不断发展创新的科学态度。

四、坚持传授知识与思想教育相统一

（一）坚持传授知识与思想教育统一的含义

高校的思想政治理论课除了具有普及科学和文化的作用外，还肩负着培养学生的思想道德素质。要把知识和思想结合起来，既要培养他们的理论知识，又要加强他们的思想品德和政治意识。知识的传播和思想的培养具有内在的联系。如果仅仅教授知识，不能很好地处理好学生的思想问题，就无法使他们的思想意识得到增强。如果仅仅是一种思想上的教育，而让他们沉溺于空谈，不仅无法说服他们，而且无法让他们对知识的渴望得到充分的释放。

（二）坚持传授知识与思想教育统一的要求

1. 教师要提高对思想教育重要性的认识

在教育过程中，老师处于主体，并对其进行了直接的实践。教学是否能够做到"传"与"智"的有机结合，取决于"师"。与知识相比，意识形态教育有自己独有的特征，它需要的是让人"了解"和"知道"所讲的东西，而它牵动着他们的心灵。通过对大学生心理因素的作用，激发他们的思维方式和认知水平的提升。在这种情况下，我们不应该将其视为一般的知识课，而是将其视为单纯的知识课，教学的进程是知识性的。思想政治理论课不仅要讲授理论，更要加强学生的思想意识。

2. 理论教育与学生的思想认识问题紧密联系

要把理论教育和大学生的思想和认知问题相统一。大学生的认识问题是一个比较常见的问题，主要表现为对问题认识模糊、认识片面或认识上的偏差。如果老师们在课堂上关注学生的反应，那么就可以很轻易地找到这些问题。如果能在课堂上及时地解答这些问题，就能取得更好的学习成效。通过课堂问答、讨论、集体讨论等沟通方式，找到个人的问题。可以说，这不仅仅是一种简单的人际交往，更是一种持续的课堂教育。

3. 科学评价西方文化思潮和价值观念

在经济一体化的今天，各国经济贸易交往的范围越来越广，各种文化的交往也越来越频繁。互联网的出现，使得世界各地的资讯分享变得越来越方便、越来越多。这样的沟通，有的时候是主动的、计划的，有的时候是消极的、无法控制的。在思想政治理论课堂上，应严肃地看待西方的思想和价值观。仅仅是对所有事物的肯定与否认，这明显不是马克思的科学立场，绝对不能不加以分析，纯粹地对其进行客观的引进与宣传。要根据相关的教学要求，用马克思主义的立场、观点和方法进行分析，正确的部分要立场明确。它有助于学生认识到正确的思想和价值观的作用，增强他们抵抗不正确的思想观点和价值观的作用，培养他们对教育思想和方法的正确认识。

五、坚持面向全体、分层施教与持续教育相结合

坚持面向全体、分层施教与持续教育是高校德育工作中应正确对待整体教育与局部教育、普遍性教育与专业教育、连续性教育与间断性教育之间的关系的需要。

"面向全体"的思想政治理论课程应在全国所有高等院校的本科生间开设，普及马克思主义基本理论、思想道德和法律基础知识。"分层施教"是指针对不同专业、不同年级、不同层次、不同学历的大学生实施不同的教学计划，在教学内容、学时上有不同的需求，采用不同的教学方式。"分层施教"还规定了思想政治课的教育层次分明、循序渐进，注重不同时期的衔接与持续发展。

持续的教育是对学生、成人和在职的学生进行的一种教育。随着人类社会的进步，科技和文化知识的更新，人们对教育的需求也在日益增加。人类要适应时代的发展，必须要持续地学习、"充电"。

"以全部为本"与"分层教学"的教学模式，既体现了共性与个性、共性与特殊、统一性与多样化的对立统一，又与全民性、针对性要求一致。加强马克思主义的理论与思想品德教育，是提升个人文化素养的一个关键环节。

综上所述，无论是通用性和专用性的统一性，以及教育学专门化的整合，都表明了"以整体为中心"和"层次化"教学模式的必然性和合理性。而将两者与持续教育的整合，从一个更宽泛的层面上拓展了通用性与特殊性的统一、共性与个性统一的原则对高校德育的指导作用。

第三节　当代大学生思想政治理论课教学的新发展

一、开放性教学

在当前的经济一体化形势下，为贯彻实施教育部"2005方案"的要求，加强其实践性，通过几年的摸索与创新，初步形成了以"以人为中心"的新型课堂教学模式。

（一）大学生思想政治理论课开放性教学的基本内容

大学的开放性教学是教学中的一个重要环节，开放性教学的各个环节和各种情境都是开放性教学的一个有机的整体。高校思想政治课的开放性主要体现在三个方面。

1. 思想政治理论课教学诸方面的开放性

高校思想政治理论课程的开放程度主要体现在：

第一，教师讲授的对象是开放的。教师的教学有两大类：一是引导，二是学习。教学以教师为主导，以学生为主体。过去的封闭式的课堂教育，过分注重主动性和主导性，抑制了学习的主动性。而以"以人为中心"的开放型教育模式，肯定了师生主体性的存在，强调了师生的主动性，将主导性和主动性相统一，从而促进了学习者的学习积极性和主动性。

第二，课程的开放程度。在过去的封闭的教学方式下，高校的思想政治理论课的内容过于死板，无法适应新时期的发展，导致其理论滞后于实际，导致了课程内容的时代性和实用性。开放的教育模式，既要面向现代化，又要面向世界、面向未来，要密切注意国际、国家的发展动态，要不断地吸取最新的马克思主义中国化的理论成果，让教育内容更富时代感和现实性。

第三，开放的教育方式。在传统的封闭教学中，教师往往采取一种单一的授课方式，缺少魅力。开放式教学的教学形式包括课堂教学和实习教学、校内主课堂和校外课堂教学、"请进来"和"走出去"、教师讲授与学员演讲相结合，教学方式的灵活性、教学方式的现代化、教学方式的创新，使教学更加具有吸引力和感染力。

2. 思想政治理论课教学诸环节的开放性

高校思想政治课的各个环节具有以下几个方面：

第一，讲授的公开。以往教学的预习都是以老师为主导，教学计划和教学大纲难以全面地体现出学员的真实状况。实行开放式教育，即通过问卷、讨论会等方式，充分认识到学生的真实状况和学习需求，并吸纳学生的代表参加课程的制定。

第二，公开的教育流程。鼓励学生提问、发言、演讲或参与讨论，增强学生参与课堂活动的积极性和创造力。

第三，公开的教育管理。积极吸纳学生参加，在学生自身的经营中，建立起由教务部门、学生工作部门、思想政治理论班等部门共同努力的综合性管理体制。

第四，公开的测试。建立了以教师考核和学生自身考核、期末考核和日常考核、理论考核和实际考核、知识考核和技能考核、闭卷考试和阅读考试相结合的考核制度。

第五，公开的教学评价。要构建教师自我评价、专家评价、学生评价、社会评价"四结合"的评价机制。

3. 思想政治理论课教学环境的开放性

高校开放教育是一个开放的体系，为了提高其实践效果，需要营造一个良好的学习氛围。

第一，要营造一个和谐的国际关系，营造一个内部的和谐的社会环境，消除一切不协调的因素，营造一个良好的社会氛围。

第二，要营造良好的校园文化氛围，强化社会主义核心价值观教育，用科学理论武器、舆论导向、道德品质、文学创作、艺术创作，营造良好的校园文化氛围。

第三，建立健全体制机制。要强化学校的体制，实行灵活的学习方式，构建健全的学生学习动机和学习机制。

第四，要建立一个良好的网上交易平台。要强化网上文化的建设与经营，必须以社会主义核心价值观为指导；要加强高校思想政治理论教育的信息化建设，加强高校思想政治教育的信息化管理，加强高校思想政治教育信息化的应用。

总体而言，大学思想政治理论课程是一个由以上三个基本元素组成的"开放"课程。三者相互辩证统一，不可分割。

（二）大学生思想政治理论课开放性教学的特点

1. 人本性

与"物本性"和"神本性"相比，"人本性"才是最重要的。"以人为本"，突出了人的价值在物质和精神上的重要性。从价值学的角度来分析，应坚持"以人为本"，并注重人的价值至上。马克思主义始终把"以全体人民"为根本，以实现全体人的解放和充分的自由及充分发展作为终极目的。"人本论"是大学思想政治理论课的重要组成部分。与普通的学科相比，大学的思想政治理论课以提高其主体地位为首要使命，因此，其教学内容应遵循"人本论"。大学思想政治理论课程的"人本性"表现在三个层面：第一点，以"以人为中心"的办学理念；"以人为本"的教育观念是大学德育工作的理论基础，是整个教育过程的核心，是其内在的精神和灵魂，是影响其本质的重要因素。第二点，"人本性"是大学思想政治理论课程中的人文本质的表现。这就需要我们的思想政治课老师关心学生、爱护学生、尊重学生、帮助学生、引导学生，但绝不能压迫学生，更不能打骂、贬低、伤害学生。第三点，"人本性"在大学思想政治理论课程中也表现在其教育目标上，即以适应大学生心理和文化需要，实现其全面发展。

2. 科学性

"科学"和"人本"是两种价值观，前者以追求真理为核心，后者以追求善良为目的；科学是有规律的，人类是有目的的。新的大学思想政治理论课程的开放性教育模式既是人性的，也是科学的，是追求美好和真实的统一，是目的性和合规性的统一。大学的开放式课程之所以有科学性，是因为其建立在科学的理论、科学的实践、科学的精神和科学的方法的指导下。

第一，大学的开放式课程建设必须立足于科学的态度。"科学的态度"就是一种辩证的、实事求是的观点。

第二，建立以科学理论为基础的大学思想政治理论课的开放型课堂。马克思学说是世界上最具科学性的观点和方法，是人们追求真理、探索真理、揭露世界法则的实践指导。本节认为，"以人为本"是现代大学思想政治理论课"以人为中心"的教育理论依据。马克思主义具有对世界的科学性和方法的双重属性。大学的开放式课程是以马克思主义为核心，以科学方法构建的。在大学的开放教育中，既有马克思主义的理论根据，也有对当代教育的一些理性因素的批判吸纳，例如：人文教学论、建构主义教学论等。

第三，开放式的大学思想政治理论课程是一个综合性的学科。其体系结构清晰、逻辑严谨、系统完整。没有了系统的整体性，就无法构成一个完整的科学。新的大学思想政治理论课的开放型教育是一个有机的整体。

第四，坚持以科学化的方式进行大学的思想政治理论课程的开放式课程。在大学的开放课程中，采用了马克思主义的方法进行开放式的教育。历史唯物主义是进行问题的研究和处理的一种最通用的方法。这种教学方式，既能正确地把握好师生之间的关系，又能正确地把握好师生之间的辩证关系、科学与人性的辩证关系、教学管理与人文关怀的辩证关系、校园内外环境的辩证关系、传统教学手段与当代教学手段的辩证关系、科学文化传承与科学文化的辩证关系、传统思维与创造性思维方式的辩证关系。并运用了系统科学方法、创新科学方法等现代科学方法。

3. 和谐性

"求真"是"科学性"的价值观，"求善"是"人本性"的价值观，而"和谐性"则是"求美"的价值观。以"科学性""人本性""和谐性"为特征的大学思想政治理论课程的开放式课程，充分反映了它的多元统一性，从而达到了"真、善、美"的统一。大学的开放教育是大学德育工作中的一项重要内容。其具体表现为：

第一是教师与学生之间的关系。"教"以老师为中心，"学"以学生为中心。在开放式的课堂中，师生是绝对平等的，老师们遵循着"以人为中心"、"学生对老师的尊敬"，师生间相互学习、相互关心、相互爱护、相互帮助、相互理解，从而构成了一种和谐的师生关系。在教师与学生之间建立起一种融洽的师生互动关系，实现开放式教育的高效实施。

第二是如何协调教育的内容。当前，大学思想政治理论是"4+1"的教学内容，包括：《马克思主义基础理论概论》《毛泽东思想与中国特色社会主义理论概论》《中国近代历史概论》《思想道德修养与法学》《情况与方针》。各个学科要做到相互配合，不能互相抵触，要做到教材的和谐，要做到章节间的不重复，要尽量减少矛盾。在课程内容与课程教学相协调的前提下，应立足于教育性，吸取最新的学术成果，使课程内容在协调中不断地进行。

第三是课程与教学方式的协调。大学的思想政治理论课程的教学内容多种多样，其教学内容也应该各有侧重。历史唯物主义的观点是："内容是形式的"，形式是"内容"的"服务"。这就需要我们在课程的基础上，结合课程本身的特征，选用合适的课程。例如：《中国近代历史概论》课程的教学目标是历史的，它需要采用历史题材、历史景点游览式等多种教学方式，从而增强学生的学习热情，提高教育质量。

第四是在教育方式与方法上的协调。开放的教学方式应灵活多样，各个学科的研究手段要相互配合。要实现教学与实验教学相结合、课堂理论教学与校外文化教学相协调、传统教学手段与现代教学手段相结合。加强思想政治课的魅力，使其具有更好的艺术效果。

第五是要实现教育实习与教育情境的协调。高校思想政治理论课的教师要深入学习、分析国际、国内、社会、校园、网络环境及其对学生的心理作用，深入了解和研究当前高校和社会各界的热点、难点问题，并在课堂上进行有针对性的讲解，提高教学的实际适用性和实效性。

二、实践教学

（一）大学生思想政治理论课实践教学的基本内涵

实践是实现教育目的的方法。在此阶段，由于注重实践性的培养，激发了学习者的学习积极性和主体性，使其成了主动的主体，而非消极地接受了课堂的教学。在此，我们可以将理论与实际相结合、课堂与社会相结合、学习与研究相结合，结合实际思考、运用理论分析问题、自主研究解决问题等各种教学方法相结合。

大学的实践教学与普通的实践性教育是完全不同的，与普通的实践性教育相比较，它虽然具备了一些实际的特点和表现，但是其实质却是与普通的实践活动有着很大的区别。从目标上看，普通实践是对客观世界进行改造、实现对象价值的客观活动；从根本上说，这是一种实践性的活动，其实质还是一种教学行为，只是实践化和应用化。

要正确认识大学的实际工作，必须突出：

第一，从形式上讲，大学的实践性教育可以分成两类：一类是狭义的，一类是广义的。从狭义上讲，"实践性"是一种以"社会实践"为主要内容的"课堂"。从广义上讲，是指一切与实际相关的理论教育，包括课堂上、内部、外部。

第二，实践性教育是高校的一项重要内容，是对社会、人生等理论知识的综合训练。高校的教学目标和教学方法都要与教学系统相适应，其政治作用只有在其基本的教学职能得以落实的前提下，才有可能发挥其政治作用。每一门学科都有自己的教学系统，每一门学科都是互相联系的，以达到对大学生进行马克思主义的理论和思想政治教育的目的。因此，如何提高学生应用马克思的理论分析问题和解决问题的能力，就必须像学生的实习、实验、学年论文和毕业论文一样，成为衡量学生培养目的的关键。

第三，高校的实践性教学不能仅仅把它作为一个单纯的实践性的活动来对待，它应该同时兼顾实践性和探索性。高校思想政治理论课的实践性特征，使其具备了探索性的特征。当前，大学思想政治理论的教学内容有：《中国近代历史纲要》《马克思主义基本原理概论》《毛泽东思想与中国特色社会主义理论概论》《思想道德修养与法律基础》《形势与政策》等。重视认识和活动。在加强思想政治教育的同时，还注重思想道德建设。高校思想政治理论课的实践观教育，是指在实际工作中，通过与科研相结合的方法，积极地获得应用相关的理论、伦理知识，培养发现问题、分析问题、解决问题的能力，并建立正确的世界观、人生观和价值观。

第五，就教育目标而言，大学思想政治理论课的实践性教育可以划分为思想教育、服务社会、注重能力的教育。

（二）大学生思想政治理论课实践教学的特点

1. 目标性

高校思想政治理论课程的实训目的是在特定的情况下，学生对其进行的实际教学的预期效果。高校德育工作的目的是要实现高校有效的思想政治理论课程，使学生们能够做好中国特色社会主义的奠基人和继承者。高校思想政治课的实践性教学主要体现在三个层面。

（1）教学目的。这里所体现的是大学的"育人"作用，它是把教育和行为结合起来，使学生认识社会、认识人生、接受教育。通过教学活动，使同学们能够深刻地认识和掌握马克思主义的基本原理，加强对党和国家的方针政策的认识，形成科学的世界观、人生观和价值观，使他们自觉地养成高尚的品德能够正确地对待"应当做的事，不能做的事"，以及如何成为一个合格的人。例如，在思想政治理论课程中，要使学生了解到，劳动是一种荣耀，是一种有益的工作，是一种为人民服务的高尚和神圣的工作，使他们意识到，要使自己的生命与国家、民族的未来、命运紧密相连，就必须使自己的生命价值得到真正的体现。

（2）能力目的。是指通过实际操作来实现从书本向实际、由理论性向实践性的跨越，从而全方位地培养和提升大学生的综合素质。在实习活动中要充分利用大学生的优势，使其积极参加实习活动的策划、准备和组织，从而锻炼和提高大学生的创新意识和组织管理水平。通过实地考察、社会调查等方式，提高大学生的观察和分析问题的综合能力；以调研为手段，培养学生的创新意识；通过多种形式的社会公益活动和社区服务，使高校毕业生能够更好地融入基层、农民之中。通过这种方式，使大学生认识社会、认识人生，并在一定程度上解决了认识和行动上的矛盾，从而提高大学生的认识和行动的意识。

（3）政治素养的实现。政治素养就是以"以实际行动教育"的方式，将学生作为中国特色的社会主义的奠基人和继承者。通过对大学生进行理论教育学习，可以指导大学生对社会现象、问题进行深入的探讨，进而对各种现象进行分析，并给出相应的对策，以增强大学生对各种现象和问题的认识，增强大学生对社会主义的正确认识，不断完善自身，进而提升自身的思想和能力，成为具有中国特色社会主义建设的合格建设者和继承者。

2. 自主性

大学的实践教学突破了传统的"灌输式"的"必然性"，更加注重"自主学习"。在实际操作过程中，教师往往采取"协助式""计划式""组织式"

的方式进行，在老师的引导下，由学生自行组织实施。大学生在参加体育竞赛时，可以按照自己的能力水平、兴趣爱好和专业特长来进行自主的选择，并自觉自愿参加。它反映出，学生既是教学的客体，也是学习的主体，是思想和情感的主体。

3. 针对性

高校思想政治理论课的实践性是增强其教学成效、培养其观察问题、解决问题能力的有效途径。所以，在具体的教学内容上，必须要有明确的目标：一是要有时代的思想。高校思想政治理论课在教学过程中应加强整合、调整和充实教学内容，充分融入体现时代需求和需要的重要课程，以适应社会发展的脚步。二是要注重实际操作。在实际工作中，要密切结合当前的实际情况和改革开放的结果等问题。三是要兼顾到不同的同学需求。实习的教学内容应考虑到不同专业、不同年级的不同需求。

4. 参与性

大学生的理论思考和情感体验是紧密联系在一起的，能够激发和提高学生的理论思考能力，而非"空洞"的讲道。高校思想政治理论课是实践与客体的互动。它的教学内容、形式和材料的选择，已不再局限于刻板的逻辑形式和逻辑推理，它的教学内容、形式和材料的取舍，更多的是生动的事实、图像和风景，更多的是真实的个人体验，从而实现了"润物细无声"的教学。加强学生的参与意识，从根本上扭转了被动的学习状态，让他们主动地融入、主宰着整个教学过程，并在一定程度上彰显了当代教育的主体性，体现了当代教育发展的潮流。

（三）大学生思想政治理论课实践教学的实施

高校的实践教学是培养学生认识、为之服务、为之成长、为之奋斗的重要途径。要使思想政治理论课的老师能够成功地进行实践教学，必须从下列方面着手。

1. 制订可行的实践教学方案，精心策划选题

高校思想政治理论课在实训中必须注重训练的具体问题，要有针对性地进行。所以，在进行社会实习之前，应制订切实可行的教学计划，并对其进行细致的选择。老师在选择题目时，通常要选择合适的教学方法和教学内容。当然，可以依据本地实际的教育资源，选择合适的社会实习课题。选择的题目要有针对性，要根据目前国内、国际的实际情况和学生的现实情况，或者根据学生的专业、年级来选择，比如，医疗专业可以在选择的题目上，适当的强调一下药物的选择。在课题选材上要有系统，可以将课题按照具体的问题分类，并将其整理成一本《实习指南》，以便同学们自行挑选、参照；如果不能做到这一点，就很可能会让学生走上"盲目"之路，让"实践"成为一种"走过场"，从而很难实现"实训"目标。

2. 严格培训，加强指导

在实习之前，应对学生进行相关训练，使其认识到其目标与需求。在此基础上，着重于对在校的大学生进行针对性的课外活动，尤其是对其进行社会调研、社会活动等方面的教育。比如如何确定调查表、如何与调查员合作、如何对所提供的信息进行分析和处理、如何进行现场调研、如何处理所面临的问题、如何编写问卷等。为了达到良好的效果，应对学员进行实践课程的指导，编写实习手册、选题汇编、调查报告写法、注意事项等。

3. 建立严格的思想政治理论课实践教学评估考核机制

建立一套科学的实训教学评估与考核系统，对于保证实习实务教育的有效性具有十分关键的作用。它不仅包含了对教师的实习的考评，也包含了对

学生实习的考评。评估教师实习的目的在于评估教学方案的科学性和执行情况，评估教师在实际工作中有没有适时的总结，以及在实际工作中有没有正确的安排和取得成效。在此阶段，包括对老师的工作负荷进行评估。根据专业老师对实习生的教学和对实习的评估，根据实际的教学效果和所辅导的班级数量，对其进行评估。学生实践能力评估的内容有：学生参与实践教学的态度、实践活动中的表现、实践成果的评估。构建规范、合理、客观、系统、多元的实践教学评估考核制度，并对其进行严格的评估，是促使教师认真教学、学生认真参加实践活动、保证实践教学实效性的重要环节和手段。

4. 及时总结，表彰先进

要让实务教育的成效得到切实的发挥，绝不能仅仅是让一个人提交一份调查问卷就了事。应适时开展工作、开展好调研，评选出优异的学生，表扬他们、激发他们的学习兴趣和主动性。完成问卷后，老师要按照评估的需要，对问卷进行认真、客观的评价，并撰写评价意见。并从中挑选出一批杰出的调研报道，将其整理出版，刊登在相关报纸杂志上，以供高校的实际工作学习。审查完成后，应当举行一次总结和表扬会议。首先是老师对活动的全过程进行了归纳总结，对学生的问卷进行了评价，然后再进行同学们的演讲，分享自己的社会实践经历，最后，对优秀的同学和优秀的调研进行表彰和奖励。

因此，在实施大学的思想政治理论课程前，制定出一套详细的课程计划，对实习过程进行详细的安排和详细的指导，对学生的实习活动进行总结、评价和奖励，是思想政治理论课的实践教学工作的重要内容，是保证高等学校思想政治理论课实践教学实效性的重要途径和手段。

三、案例教学

（一）案例教学的含义和基本特征

案例教学是以案例为基础，由老师指导，以案例为指导，以师生为主，以学生为主体，以培养学生的主体性、增强学生的分析与解决问题的综合能力为首要目标的一种教学组织形态。案例教育的主要特点是：

第一，案例教学是以案例为基础的教育资讯。这就是案例与常规的教学模式的不同之处。在传统的教学方法中，教材作为最基础的知识和知识的传递媒介，所涉及的知识和结果比较稳定。案例是指教师在课堂上，依据特定的课程和教学目的选择的典型事例，以供学生参考。在教学过程中，同学们以案例为中心，通过对案例的分析和探讨，以达成学习目标。

第二，在案例教育中要突出学生的主体性。虽然在传统的教育方法中，我们也注重学生的主体性，但是，信息的传递通常都是由老师以权力的形式传达，学生接受、理解和记忆信息，学生的主体性没有得到充分的反映。而案例教学更突出了学生的主体性。案例的特点是：主动、参与性的学习。在案例教育中，要从案例中寻找、阅读、理解、分析、搜集资讯、整理意见，以求达到内隐与外在的目的。与常规的课堂相比，大学生的学习任务更重，但是学习积极性、主动性和创造力得以充分、高效地被激发出来。

第三，案例教育的基本思路是老师指导同学进行案例分析。在传统的教育方法中，教育的进程主要是从教育工作者到学习者的双向传递，它是指在特定的教育目的下，选择适当的教育资讯，并将公认的、客观的、稳定的知识、技能、思想、观念等传授于学生。案例与案例教学的区别在于，案例教学以案例为主导，由老师指导学生进行案例的分析。在案例中，老师仍然是一个重要的资讯来源，但是，老师的角色更多的是激发和推动意义的构建，也就是通过自身丰富的经历和对某一领域知识的掌握和了解，来为学员们提供理论和战略上的帮助。在学生学习过程中，老师不会告诉学生自己的问题，而是要让学生自己去寻找、理解、选择问题，从而得到解答。在案例中，老师的作用已不局限于预先设定的知识传递和解答，而成了学生学习的向导、组织者和促动者。

（二）大学生思想政治理论课案例教学的特性

高校的案例教学是一种很有理论意义的课程，它在实践中与其他课程的案例教育有着很大的区别。其特点包括：

第一，就高校的目的而言，高校德育案例教育工作是高校德育工作的主要内容，它是培养大学生正确世界观、人生观、价值观的重要手段，是高校德育工作的本质要求。作为一种教学组织方式，高校思想政治理论课的案例教育必须要符合其教育目标和目的。而案例教育则是透过各类典型案例，让学员结合实践，掌握所学知识，并能灵活应用，并加强对书本知识之外的实习。

第二，在案例的选择方面，高校的案例涵盖了很大的范围，包括自然界的、人类社会的、思维的各个方面，要按实际情况来挑选。这就需要老师进行案例筛选。而特定科目，是根据课程的教学要求，在特定的专业中选取不同的案例，以拓宽学生的知识，发展他们的实践和工作的适应性。

第三，从案例的适用领域来看，案例的某些特定科目已经成为本课程的重要方式与方法。美国哈佛商业学院 90% 的 MBA 项目都采用了案例。案例教育已经被全球企业界所公认。但是，由于大部分的课程都是概念、规律、范畴、论据和论证等方面的内容，因此不能完全应用到实践中去，应视实际情况而定。在课堂上进行案例式的讲授，通常要选取核心问题、重点问题、关键问题等进行分析，以达到"画龙点睛"的效果；另外，还要在课堂上进行一些有关的教学，并以学生的阅读与领悟来完成整个课程的教学。

（三）大学生思想政治理论课教学案例的甄选

案例的选取是案例教育的重点。案例的质量是影响案例教育成效的重要因素。典型的案例可以有效地增强学生的学习目标、学习效果，但如果案例的选取不恰当，就会导致学生走上错误的道路。所以，在实践中，经典的案例是成功地进行案例教学的前提。在选择案例时，应特别关注下列事项：

第一，选择的案例要符合教材的要求。采用案例法进行课堂教学，以更好地达到教学目的，提高课堂教学质量。所以，选择的案例不能与课程的内容分离。教学实例要与教材的内容密切结合，强调重点和难点。在准备教材时，应注意搜集、整理与教材有关的案例，并进行甄别。对教学中最为贴近的经典事例进行仔细的梳理，并在课堂中加以斟酌。在选取案例时，要清楚地了解本次案例教学应实现何种目标、应注意哪些问题，使学生对案例要有所了解，避免盲目进行。如果把课堂中涉及的一些与课堂内容无关的案例拿出来，不仅无法让他们更好地掌握课堂的内容，反而会耽误他们的学习，还会把他们引入歧途。所以，在选择案例时，老师要仔细考量。不恰当的案例绝对不要使用，无法解释的教学内容再怎么逼真也无法应用。

第二，选择的案例必须是典型的。经典的教学事例就是典型。案例要有代表性，要体现其普遍的意义，不能因为案例不能很好地说明问题，从而使同学们产生误解，引申出伪科学。同时，要使案件的基本原则和法则清楚地表达出来。由于案例与所要展现的思想政治学之间的关联性不强，学生在分析和讨论案例时容易走偏，陷入思考的歧途，很难在短期的教学中完全把握住核心的内容。通过对典型的案例进行了解和分析，可以帮助学员掌握基本理论、基本方法和基本原理，扩展思维，增强分析和处理问题的技能。

第三，选择的案例必须是有启发意义的。案例教育的目标是发展学生的智能、分析问题和解决问题的技能。所以，选择的案例应该包含大量的现实问题，以突显启发意义，留给同学一些思考的余地，激发他们广泛的思维。在解决案例问题时，需要进行仔细的分析与反思。启发式、探究式的教学实例有利于培养和提高学生的思考水平，培养和提高他们对政治学的理解能力和掌握能力。

第四，在案例选取上要重视案例的时间。"时效论"是指选取的案例必须符合时代感，反映时代感的新颖，切合当前社会发展的前沿课题，切合当代大学生的思想现实。这种情况下，才更有可能吸引更多的同学。

四、反思性教学

（一）反思性教学的含义

"反思"是指自我检视和回顾的意思。即作为个体的认知和探索，它是由个体对其过去的行动及其有关观念的意识进行的一种认知和探索。反思的对象是历史的知觉与行动，是一种价值判断。其实，"反思"一语具有"反省"和"内省"的含义，其实质是批判思考，审视和分析当前的认知行为。"反思"的含义是从"教师"本身出发，是对"教师"本身的教育思想和教育活动的一种批评。它不仅是对历史的回顾，也是对今后教育和教育工作中的一种反思。反思既是一种内在的思考活动，又是一种将思想与行动连接起来的外在的实践行为，它保证了在教育中对反思的效果进行测试。大学生的"反思式"是指学生在课堂上对自己的课堂活动进行持续的自我反省，对课堂上的教学活动和课堂活动进行批判地、自觉地重新认识。教学活动要求老师积极地注意自己的教学活动和教学环境，以开阔的胸襟接受各种观点，积极思考问题、研究教学活动，对自己的选择和行为承担责任。

（二）大学生思想政治理论课反思性教学的特点

反思性教学和传统教学相比，主要有以下几方面的特点。

1.目的明确性

反思是一种以特定目标为导向的学习过程，是一种以学生为主体的思考方式。从直观意义上讲，就是在自己的教育中教什么、为何教。更深层的，是教师道德修养、教学理念、师生关系等理性化的暗示、假设、推理和检验。因此，反思教育的宗旨就是要使教育问题得到有效的化解，从而使教育的质量得到提高。

2.科学探究性

探究性是人类认识、理解和改造环境的一种重要途径。反思教育观是以当代教育学为依据的一种科学教育观，其根本观念与传统的否定学习观念是矛盾的。它是以对基本的教育问题进行探索与解答的基础，因此，它的本质是探究性的。此外，反思则是通过对过去的记忆或回溯来寻找问题与解答，即通过自身的经验来探寻问题与解答、重建自我的认识、激发个体的智力；在反思教育中，教师应重视学生自主创新能力和主动性个性的养成，并将其视为反思教育的重要目标。

3.思维批判性

思维批判式教育是指老师主动地反思和批判性地分析自己的教学活动，而不是一味地死记硬背。同时，它也具有探究性，需要老师用批判性的目光去审视问题，并善于从主动的探索中寻找问题的解答。在对自己的教育实践进行反思的过程中，老师们会自觉地对自己所从事的教育和有关的要素进行持续的、批判性的审视、思考、探究和改进，进而调整和改进自己的师道素质，使自己的教育水平得到持续的提升。在本质上，反省思维是一种批判的思维方式，如果能够不断批判地、反复地进行思考，那么，它的知识就会更加完善和牢固，思路会更加开阔、更加灵活，观点也会更加深刻和新颖。通过对批判的反思，老师才能让自己变得聪明、成熟。

4. 对话合作性

反思的对象有个人和集体、学生和专业研究人员。教师个人与集体、学生与专业科研人员组成了反思教育的四面体。教师自身的自我反思、教师与教师之间的合作对话、专业科研人员的专业引导、全程跟进是其四种重要的动力，三者缺一不可。反思性教育是一项集体思考的活动，它在注重教师和学生之间的探究和思考的同时，也要求教师、学生和专业人士在课前和课后进行集体交流和互动，对教学中出现的各类问题进行反省和思考，寻找解决问题的方法和途径，以促进教育更加理性化。

5. 实践操作性

反思式教育是从问题的角度出发，从现实生活中实际问题出发，从实际应用中受益。在反思式课堂中，行为学是一种将实务与反省相联系的研究。它以教育的实际为基础，把教育与实际相结合，对教育的实际情况进行了直接的引导，从而使教师在具体的情况下，对所处的环境有一个真实的认识，从而作出正确和谨慎的决策。因而，反思性教育在应用行为学的同时，越来越注重实际应用，这就需要对新的理论和新的方法进行实验验证。

（三）大学生思想政治理论课反思性教学的具体应用

反思型教育较之传统的教育方式有着诸多优点和特点，但其在实践中尚属"新生事物"，其实施过程中仍存在诸多问题，因此，要从以下几个层面上来强化反思型教育。

1. 将教师主导作用和学生主体地位相统一

反思教育是以"学会教学""学会学习"为目标的，在这种情况下，必须使教师在课堂上起到引导作用，使学生更好地融入课堂中。反思教育不仅是知识的传播，更是知识的产生和创新。在教学活动中，教师与学生的作用是均等的，老师的角色从教学向引导转变，教师从纯粹的知识传授者变成了学习的组织者、促进者和辅导者，师生之间应该建立起一个学习的"社会"。在教育学生如何利用多种途径掌握知识、存储知识的同时，还要引导学生学会选择、判断、运用和创造知识，确保学生在知识的道路上走上正轨。以学生为核心，在学生之间创造平等和谐的民主学习环境，构建民主平等、信任的关系，平等地参加教学活动，充分调动学生的主动性。在课堂上，老师要面向学生，要让学生积极地参加活动，表现和发展自己的能力，通过与学生、老师的沟通，激发学生的情感、兴趣、意志等非智力的成分，让学生从环境中找到问题，并在课堂上进行问题的解答。

2. 加强对信息收集处理的指导

作为一门人本课程，它具有综合性和多样性的特点。它的教育内容密切联系着人们的日常活动。在现实生活中，每个人都能自然而然地认识到不同的社会现象。当今全球经济一体化、政治结构多元化，国家内部各种经济成分、各种分配模式共存，同时也存在着各种利益集团和阶级的分化，形成了社会结构、生活形态、工作机会和工作模式。这种社会性的存在，体现为不同的价值观。从社会的现象和不同教育对象的不同价值观构成了丰富的教育资源。在教学中，应强化对学生的知识采集、加工、思考、质疑、创新等方面的引导，培养学生的聪明才智，发扬学生的个性，使其达到合理的教育效果。

资讯的来源多种多样，包括教科书、博物馆、遗址、纪念馆、文化馆、自然人文风景等，还有教师、学生、家长等；包括图书馆、教室、实验室以及室外展览、博物馆、历史遗址、现代化新农村等；有明示的，如教科书、文献、网络、图片、视频、影视等；还有一些隐性的，如爱国精神、奉献精神、教师反馈、学生反馈等。在课堂上，要使学生从课本、教室、学校中走向社会，拓宽学生的眼界，吸取海量的知识，才能很好地解决过去传统课程内容狭窄的问题，从而提高教学效果。同时，对学生进行有效的引导，使其去劣化，从表面到内部、从内部到外部，从外部搜集、甄别、对比、判断资讯，并充分运用和发展，有利于开展大学的反思教育。

3. 注意加强对结论多样性的保护

反思教育是指在教育过程中，以培养学生全面、协调、健全的学习意识。这就需要老师和同学们进行诚挚的交流，对他们的个性进行充分的尊敬，营造民主、平等、开放的氛围，使他们能够自由表达自己的观点，从而保证他们的观点多元化。一是要认识到学生自主思维与探究的重要性。二是当同学们对老师的意见有异议时，老师要清楚地认识到，这是一种主动的生活自觉行为，应该鼓励、赞扬，而不是对自己的不敬。三是要让大学生自由思考，让他们有时间和空间去主动地进行独立的思考和探究。

4. 教师要注重自身素质的提高

课堂上的教育是一种令人惋惜的技艺。一节课要想十全十美，就算上课之前认真准备、认真思考，课堂上计划周详，可是仔细想一想，就会发现一些遗憾和迫切需要弥补的地方。科学有效的反思能够降低悔恨。反思式教育是一种有效的促进学生自身发展的方法。在教育过程中，教师要对教育理念进行持续的反思。反思教育的实质就是提问、探究和解答。以问题为环境，以自身的教学活动为认知目标，全面、深入、冷静地思考，再以经验、感想、启示等形式加以归纳总结、反复思考，思考得越多、越想越明白，思考越新、思考越进步。教师应不断提高自己的自省和自律性，并通过不断丰富自身修养，提高自身发展能力，从而从教书匠发展为教育家、研究者，进而逐步完善教学技能。

参考文献

[1] 胡在东，宋珊，杨文著 . 大学生思想政治教育模式与方法创新 [M]. 北京：九州出版社，2018.

[2] 王楠著 . 大学生思想政治教育创新研究 [M]. 延吉：延边大学出版社，2017.

[3] 周成军著 . 大学生思想政治教育与创新创业 [M]. 北京：光明日报出版社，2016.

[4] 闫晓静著 . 大学生思想政治教育创新研究 [M]. 成都：电子科技大学出版社，2017.

[5] 史庆伟主编 . 大学生思想政治教育管理与实践研究 [M]. 天津：天津教育出版社，2015.

[6] 简冬秋，孟广普著 . 大学生思想政治教育方法新论 [M]. 沈阳：辽海出版社，2019.

[7] 董晓蕾著 . 大学生思想政治教育方法的理论与实践研究 [M]. 北京：北京师范大学出版社，2018.

[8] 徐建军著 . 大学生网络思想政治教育理论与方法 [M]. 北京：人民出版社，2010.

[9] 戴丽红 . 当代大学生思想政治教育创新探索 [M]. 成都：电子科技大学出版社，2016.

[10] 刘便花著 . 高校大学生思想政治教育创新与实践研究 [M]. 北京：国家行政学院出版社，2017.

[11] 黄慧琳著 . 高校大学生思想政治教育与创新能力培养探索 [M]. 成都：电子科技大学出版社，2017.

[12] 崔付荣著 . 新时代大学生思想政治教育创新发展研究 [M]. 北京：新华出版社，2018.